Descubra Juegos Gratis Online

Disponibles Aquí:

BestActivityBooks.com/FREEGAMES

5 CONSEJOS PARA EMPEZAR

1) CÓMO RESOLVER LAS SOPA DE LETRAS

Los rompecabezas tienen un formato clásico:

- Las palabras se ocultan sin espacios ni guiones,...
- Orientación: Las palabras pueden escribirse hacia delante, hacia atrás, hacia arriba, hacia abajo o en diagonal (pueden estar invertidas).
- Las palabras pueden superponerse o cruzarse.

2) APRENDIZAJE ACTIVO

Junto a cada palabra hay un espacio para anotar la traducción. Para fomentar un aprendizaje activo, un **DICCIONARIO** al final de esta edición te permitirá comprobar y ampliar tus conocimientos. Busca y anota las traducciones, encuéntralas en el puzzle y añádelas a tu vocabulario!

3) MARCAR LAS PALABRAS

Puedes inventar tu propio sistema de marcado. ¿Quizás ya usas uno? También puedes, por ejemplo, marcar las palabras difíciles de encontrar con una cruz, las que te gustan con una estrella, las nuevas con un triángulo, las raras con un diamante, etc.

4) ESTRUCTURAR EL APRENDIZAJE

Esta edición ofrece un **CUADERNO DE NOTAS** muy práctico al final del libro. En vacaciones, de viaje o en casa, podrás organizar fácilmente tus nuevos conocimientos sin necesidad de un segundo cuaderno!

5) ¿HABÉIS TERMINADO TODAS LAS PARRILLAS?

En las últimas páginas de este libro, en la sección **DESAFÍO FINAL**, encontrarás un juego gratis!

¡Rápido y sencillo! Echa un vistazo a nuestra colección de libros de actividades para tu próximo momento de diversión y aprendizaje, ¡a sólo un clic de distancia!

Encuentre su próximo reto en:

BestActivityBooks.com/MiProximoLibro

En sus marcas, listos, ¡Ya!

¿Sabías que hay unas 7.000 lenguas diferentes en el mundo? Las palabras son preciosas.

Nos encantan los idiomas y hemos trabajado duro para crear libros de la más alta calidad para tí. ¿Nuestros ingredientes?

Una selección de temas adecuados para el aprendizaje, tres buenas porciones de entretenimiento, y luego añadimos una cucharada de palabras difíciles y una pizca de palabras raras. Los servimos con cariño y máxima diversión para que puedas resolver los mejores juegos de palabras y te diviertas aprendiendo!

Tu opinión es esencial. Puedes participar activamente en el éxito de este libro dejándonos un comentario. Nos encantaría saber qué es lo que más le ha gustado de esta edición.

Aquí hay un enlace rápido a tu página de pedidos:

BestBooksActivity.com/Opiniones50

Gracias por tu ayuda y diviértete!

Todo el equipo

1 - Ajedrez

```
G X D K O N K U R S G O E N
T D S P R Y T N Y C R V Ł X
Q D U W Z Ó A P C Z A R N Y
B M R B R W L X P A S P T S
I I R Z Ł K J O Z S T R U I
A S E W C R M S W Z R Z R Ł
Ł T G R A C Z A Q A A E N M
Y R O X N Ł Q E X S T C I V
K Z I O O Y G K R A E I E N
H R D P U N K T Y D G W J S
Y F Ó Ł G Y I A J Y I N O C
L O G L X K T E N B A I H R
P O Ś W I Ę C E N I E K N S
P R Z E K Ą T N A I Z D T S
```

BIAŁY
MISTRZ
KONKURS
PRZEKĄTNA
STRATEGIA
SPRYTNY
GRA
GRACZ
CZARNY

PRZECIWNIK
BIERNY
PUNKTY
ZASADY
KRÓLOWA
KRÓL
POŚWIĘCENIE
CZAS
TURNIEJ

2 - Agua

```
D  I  A  D  H  U  R  A  G  A  N  T  K  G
O  E  T  W  Q  K  W  N  O  Y  A  S  R  R
Q  C  S  N  A  W  A  D  N  I  A  N  I  E
Q  C  E  Z  E  B  X  N  P  O  W  Ó  D  Ź
M  H  J  A  C  S  Q  J  A  D  I  J  R  P
T  L  U  R  N  Z  B  Ł  G  Ł  L  E  W  A
G  E  J  Z  E  R  P  S  U  X  G  Z  I  R
F  A  L  E  M  M  R  Ó  Z  U  O  I  L  O
P  F  Ó  K  O  A  Y  B  M  R  T  O  G  W
A  D  D  A  N  S  Z  Z  B  N  R  O  A  N
R  V  P  H  S  T  Z  E  Ł  T  O  O  T  N
O  H  G  J  U  Ś  N  I  E  G  Ś  B  N  I
W  U  Q  I  N  T  I  Z  Q  M  Ć  P  Y  E
Y  I  V  A  V  U  C  C  S  N  V  N  F  R
```

KANAŁ	JEZIORO
PRYSZNIC	DESZCZ
PAROWANIE	MONSUN
GEJZER	ŚNIEG
MRÓZ	OCEAN
LÓD	FALE
WILGOTNOŚĆ	NAWADNIANIE
HURAGAN	RZEKA
WILGOTNY	PAROWY
POWÓDŹ	

3 - Granja #2

```
K X W D Ł O J M L X U K K T
F D R O Ą G W A M E M F Ł E
I G L T K O B O B S Z V E O
A S A D A H H F C D M P U W
J Z M V K W J M L E K O W C
A Ę A K K U K U R Y D Z A E
G W C L A J K W A P Z Ż S P
N A I Z R C T G U S W Y T A
I R Ą K M Q Z M U Z I W O S
Ę Z G Q L I Z K U E E N D T
N Y N T G Q E U A N R O O E
C W I T A D Q Ń W I Z Ś Ł R
H O K R O L N I K C Ą Ć A Z
U L L Z G S V I F A T M Q Q
```

ROLNIK	LAMA
ZWIERZĄT	KUKURYDZA
JĘCZMIEŃ	OWCE
UL	PASTERZ
ŻYWNOŚĆ	KACZKA
JAGNIĘ	ŁĄKA
OWOC	CIĄGNIK
STODOŁA	PSZENICA
SAD	WARZYWO
MLEKO	

4 - Mueble

```
H  Y  R  Z  E  K  E  X  N  B  D  P  P  L
Y  A  E  C  D  O  B  Ł  Z  I  Y  O  O  A
Ł  T  M  R  K  Ł  O  Q  S  U  W  D  D  M
F  U  D  A  H  D  K  A  E  R  A  U  U  P
B  K  D  U  K  R  R  M  L  K  N  S  S  A
Ł  Ó  Ż  K  O  Y  Z  L  A  O  A  Z  Z  I
Ł  A  W  K  A  C  E  A  X  T  T  K  K  T
K  O  M  O  D  A  S  A  S  C  E  I  A  Ł
B  F  Ł  B  P  Ó  Ł  K  I  Ł  O  R  Y  H
R  E  G  A  Ł  F  O  G  I  A  O  N  A  E
F  U  T  O  N  O  W  F  U  D  R  N  L  C
S  C  M  K  B  T  K  A  N  A  P  A  Y  F
C  Z  V  Y  Y  E  X  B  A  M  M  A  X  F
I  J  Y  X  J  L  U  S  T  R  O  X  W  X
```

DYWAN	LUSTRO
PODUSZKA	REGAŁ
ŁAWKA	PÓŁKI
ŁÓŻKO	FUTON
PODUSZKI	HAMAK
MATERAC	LAMPA
ZASŁONY	KRZESŁO
KOMODA	FOTEL
KOŁDRY	KANAPA
BIURKO	

5 - Pesca

```
M  S  P  R  Z  Ę  T  C  S  P  Y  L  Ł  F
X  M  A  R  W  N  F  A  C  Ł  Ó  D  Ź  D
J  Q  F  U  Z  D  A  G  M  E  A  K  U  O
W  A  G  A  F  Y  T  H  L  T  D  E  M  B
O  J  O  G  Y  N  N  F  G  W  L  E  Q  M
D  S  E  S  K  G  Q  Ę  O  Y  R  B  E  J
A  K  R  Z  H  O  P  Y  T  H  D  R  U  T
Z  R  Z  C  I  O  S  D  O  A  Ł  S  J  P
P  Z  E  Z  S  O  A  Z  W  K  U  K  P  N
L  E  K  Ę  G  B  R  H  A  U  P  L  S  X
A  L  A  K  F  U  S  O  Ć  O  C  E  A  N
Ż  A  D  A  Y  P  L  R  G  U  V  H  E  O
A  C  I  E  R  P  L  I  W  O  Ś  Ć  A  Y
P  R  Z  E  S  A  D  A  I  J  F  F  N  Z
```

WODA	PRZESADA
PŁETWY	HAK
ŁÓDŹ	JEZIORO
SKRZELA	SZCZĘKA
DRUT	OCEAN
PRZYNĘTA	CIERPLIWOŚĆ
KOSZ	WAGA
GOTOWAĆ	PLAŻA
SPRZĘT	RZEKA

6 - Aviones

```
A  X  Ł  L  H  P  N  I  E  B  O  J  I  Y
T  K  F  W  A  A  A  P  R  O  J  E  K  T
M  I  O  A  F  S  W  B  S  I  L  N  I  K
O  E  E  F  O  A  I  A  U  L  F  N  F  R
S  R  J  S  Ż  G  L  G  D  P  U  S  W
F  U  P  V  D  E  O  O  M  Z  O  F  U  O
E  N  A  P  K  R  W  N  R  A  W  W  O  D
R  E  L  O  R  U  A  R  G  Ł  I  Y  A  Ó
A  K  I  U  U  Z  Ć  S  G  O  E  S  D  R
S  P  W  A  N  K  Y  Ł  Y  G  T  O  J  Z
Y  L  O  I  Ś  M  I  G  Ł  A  R  K  S  A
H  I  S  T  O  R  I  A  O  E  Z  O  A  R
L  Ą  D  O  W  A  N  I  E  D  E  Ś  Y  F
N  O  P  I  L  O  T  R  H  K  A  Ć  I  S
```

POWIETRZE
WYSOKOŚĆ
LĄDOWANIE
ATMOSFERA
PRZYGODA
NIEBO
PALIWO
BUDOWA
KIERUNEK
PROJEKT

BALON
ŚMIGŁA
WODÓR
HISTORIA
SILNIK
NAWIGOWAĆ
PASAŻER
PILOT
ZAŁOGA

7 - Tipos de Cabello

```
F  G  L  S  F  Z  D  R  O  W  Y  A  M  E
H  B  O  Z  Q  T  S  Ł  S  O  F  Q  X  X
V  I  K  A  E  H  R  H  U  E  A  H  T  F
D  A  I  R  B  Ł  E  J  C  G  L  D  B  B
X  Ł  C  Y  Ę  B  B  U  H  R  I  N  L  R
T  Y  W  L  Y  C  R  P  Y  L  S  E  O  S
K  R  Ó  T  K  I  O  Ą  U  V  T  L  N  P
Ł  Y  S  Y  C  X  Ł  N  Z  J  Y  I  D  L
H  M  V  G  I  O  Ł  Q  E  O  W  F  B  E
W  O  E  T  E  G  R  U  B  Y  W  J  P  C
C  Z  A  R  N  Y  J  U  Y  P  E  Y  K  I
Ł  A  M  A  K  W  A  R  K  O  C  Z  E  O
L  F  J  M  I  Ę  K  K  I  H  H  V  D  N
B  Ł  Y  S  Z  C  Z  Ą  C  Y  X  X  R  Y
```

BIAŁY	FALISTY
BŁYSZCZĄCY	SREBRO
ŁYSY	KRĘCONE
KRÓTKI	LOKI
CIENKI	BLOND
SZARY	ZDROWY
GRUBY	SUCHY
DŁUGIE	MIĘKKI
BRĄZOWY	PLECIONY
CZARNY	WARKOCZE

8 - Herramientas de Cocina

```
X  Y  R  L  D  Y  H  Ł  Y  Ż  K  A  P  N
B  D  L  Ł  U  I  W  O  V  G  H  O  I  Ó
Q  C  F  K  R  C  D  P  I  E  C  N  E  Ż
Y  F  F  I  S  G  B  A  B  W  R  M  K  X
Y  P  E  B  Z  U  D  T  V  V  X  A  A  I
W  I  D  E  L  E  C  K  J  O  E  I  R  Z
L  I  P  B  A  U  Z  A  S  W  X  G  N  J
S  O  E  M  K  J  A  T  A  R  K  A  I  B
T  Z  D  K  O  K  J  G  C  R  O  Z  K  M
O  U  T  Ó  O  E  N  O  Ż  Y  C  Z  K  I
S  Q  Ł  U  W  U  I  F  K  C  I  A  S  K
T  X  R  B  Ć  K  K  E  Y  O  X  H  H  S
E  O  U  V  C  C  A  K  J  O  B  Y  G  E
R  T  S  T  L  T  E  R  M  O  M  E  T  R
```

MIKSER	PIEKARNIK
CZAJNIK	TARKA
DURSZLAK	LODÓWKA
SZTUĆCE	WIEKO
ŁYŻKA	WIDELEC
NÓŻ	TERMOMETR
ŁOPATKA	NOŻYCZKI
PIEC	TOSTER

9 - Ciencia Ficción

```
W  S  Ś  B  P  A  H  T  R  T  X  U  U  N
Y  C  A  W  S  K  R  A  J  N  Y  Z  J  O
R  E  T  U  I  J  J  J  R  T  O  H  H  O
O  N  O  T  K  A  T  E  I  L  U  Z  J  A
C  A  M  O  E  O  T  M  I  S  X  P  H  A
Z  R  O  P  Z  K  G  N  O  D  G  Q  P  Z
N  I  W  I  B  C  A  I  K  O  E  A  L  W
I  U  Y  A  M  P  L  C  E  I  M  U  A  Y
A  S  P  S  M  U  A  Z  Y  Ń  N  R  N  B
A  Z  W  H  M  H  K  Y  U  B  X  O  E  U
R  E  A  L  I  S  T  Y  C  Z  N  Y  T  C
Y  R  V  T  L  B  Y  T  O  M  V  G  A  H
R  O  B  O  T  Y  K  S  I  Ą  Ż  K  I  J
H  C  F  A  N  T  A  S  T  Y  C  Z  N  Y
```

ATOMOWY	KSIĄŻKI
KINO	TAJEMNICZY
SCENARIUSZ	ŚWIAT
WYBUCH	WYROCZNIA
SKRAJNY	PLANETA
FANTASTYCZNY	REALISTYCZNY
OGIEŃ	ROBOTY
GALAKTYKA	UTOPIA
ILUZJA	

10 - Juguetes

```
C  S  A  M  O  C  H  Ó  D  F  P  F  C  K
I  A  Z  L  L  R  Z  E  M  I  O  S  Ł  A
Ę  M  G  A  V  A  O  Ł  N  A  C  H  C  K
Ż  O  L  R  C  N  T  W  V  Y  I  J  Ł  S
A  L  I  U  J  H  W  A  E  F  Ą  D  Ł  I
R  O  N  L  I  V  Y  V  W  R  G  X  P  Ą
Ó  T  A  U  V  A  R  E  F  I  R  A  U  Ż
W  R  A  B  Ę  B  N  Y  A  C  E  K  Z  K
K  Z  W  I  M  O  X  G  R  Y  L  C  Z  I
A  E  D  O  B  F  F  U  B  W  A  E  L  H
J  W  O  N  E  N  W  B  Y  R  L  E  E  N
D  D  B  Y  P  I  Ł  K  A  H  K  N  E  D
W  Y  O  B  R  A  Ź  N  I  A  A  I  C  E
F  R  G  M  Ł  Ó  D  Ź  R  O  B  O  T  J
```

SZACHY   ULUBIONY
GLINA   WYOBRAŹNIA
RZEMIOSŁA   GRY
SAMOLOT   KSIĄŻKI
ŁÓDŹ   LALKA
ROWER   FARBY
PIŁKA   ROBOT
CIĘŻARÓWKA   PUZZLE
SAMOCHÓD   BĘBNY
LATAWIEC   POCIĄG

11 - Circo

```
T Y G R Y S V I M M S K B S
M O Ż P Z J I F A U Q C A P
A K R O B A T A Ł Z N U L E
G L J K N Z C O P Y Y K O K
I A B A I G Ł F A K X I N T
A U J Z P O L E W A K E Y A
N N K A P A Z E B L O R J K
T A Ń Ć K S R M R V S E R U
P A M F X Ł T A Z D T K K L
W G R I P O X G D W I D Z A
Q X C E O Ń S I T A U X C R
A F N J L T E K W L M N W N
X Q R Z Z W I E R Z Ą T Ł Y
S Z T U C Z K A F H G I H T
```

AKROBATA	MAGIA
ZWIERZĄT	MAGIK
CUKIEREK	ŻONGLER
NAMIOT	MAŁPA
PARADA	POKAZAĆ
SŁOŃ	MUZYKA
SPEKTAKULARNY	KLAUN
WIDZ	TYGRYS
BALONY	KOSTIUM
LEW	SZTUCZKA

12 - Rellenar

```
K W A L I Z K A K E O R L T
P A K I E T W E F O V U O O
N N R T D A Y V L X S O H R
T N Q T C C B C K C Y Z T B
T A Q U O A E U X K E S S A
G Q V Z M N C W T I F A Ł X
T T M O H T Z A P E O U O T
W I A D R O K Z U S L A I K
B A S E N G A O D Z D K K O
R E G E R J H N E E E L A P
S Z U F L A D A Ł Ń R Y X E
U N Z D K J D R K U D Ł S R
Ł F V K A L R Q O X V G G T
N S Q R U R A L X Z L F B A
```

TACA	KOSZ
WANNA	WIADRO
BECZKA	BASEN
TORBA	WAZON
KIESZEŃ	WALIZKA
BUTELKA	PAKIET
PUDEŁKO	KOPERTA
SZUFLADA	SŁOIK
FOLDER	RURA
KARTON	

13 - Granja #1

```
C  N  Ł  V  V  P  C  K  S  W  Q  T  Z  T
P  S  Z  C  Z  O  Ł  A  R  B  C  G  I  K
I  I  J  R  T  L  S  L  S  O  X  R  E  K
E  M  I  Ó  D  E  I  I  C  B  W  B  M  E
S  K  U  R  C  Z  A  K  O  Ń  O  A  I  W
U  V  I  N  I  V  N  S  T  Ł  D  W  A  Y
R  Y  Ż  A  E  L  O  U  Ł  P  A  Z  C  T
D  E  W  S  L  R  O  L  N  I  C  T  W  O
K  O  T  I  Ę  W  B  T  A  D  C  Q  M  I
K  T  R  O  Y  R  J  C  W  N  H  N  V  Ł
W  O  C  N  B  O  X  J  Ó  W  P  Y  H  G
H  R  Z  A  P  N  X  O  Z  Ł  I  D  B  W
N  Z  B  A  Q  A  X  I  V  H  B  R  E  Ł
O  G  R  O  D  Z  E  N  I  E  Z  E  X  C
```

PSZCZOŁA
ROLNICTWO
WODA
RYŻ
OSIOŁ
KOŃ
KOZA
POLE
WRONA
NAWÓZ

KOT
SIANO
MIÓD
PIES
KURCZAK
NASIONA
CIELĘ
ZIEMIA
KROWA
OGRODZENIE

14 - Camping

```
H  K  P  D  P  Z  W  I  E  R  Z  Ą  T  B
R  A  O  J  R  S  W  K  S  I  Ę  Ż  Y  C
O  P  L  W  Z  Z  L  A  Q  U  T  L  T  B
C  E  O  K  Y  X  E  Q  A  V  U  A  C  T
G  L  W  Ł  G  G  M  W  L  I  V  T  W  S
K  U  A  Z  O  Q  J  R  A  X  T  A  U  S
A  S  N  O  D  P  N  X  Ł  P  C  R  L  Z
J  Z  I  Y  A  N  R  S  U  P  H  N  I  J
A  E  E  Z  L  K  A  B  I  N  A  I  N  X
K  M  Z  L  A  S  P  T  L  G  M  A  A  J
G  A  Ł  I  O  L  S  Y  U  Ó  A  J  X  M
E  K  Ł  R  O  W  A  D  B  R  K  K  N  A
O  G  I  E  Ń  R  W  O  B  A  A  X  E  P
S  P  R  Z  Ę  T  O  K  O  M  P  A  S  A
```

ZWIERZĄT	OGIEŃ
PRZYGODA	HAMAK
DRZEWA	OWAD
LAS	JEZIORO
KOMPAS	LATARNIA
KABINA	KSIĘŻYC
KAJAK	MAPA
POLOWANIE	GÓRA
LINA	NATURA
SPRZĘT	KAPELUSZ

15 - Fruta

```
C  B  V  E  T  N  J  Ł  A  W  P  M  U  C
K  R  N  P  A  P  A  J  A  N  E  V  V  I
I  Z  P  E  X  M  G  U  A  W  A  P  B  W
W  O  R  X  K  P  O  N  G  C  G  N  Ł  R
I  S  Ł  N  Q  T  D  Q  G  R  R  G  A  F
J  K  P  U  U  C  A  X  T  Q  U  X  N  S
A  W  X  B  M  Q  Y  R  Y  F  S  O  W  P
B  I  V  X  Z  Q  W  T  Y  M  Z  U  W  C
Ł  N  J  L  R  S  I  G  R  N  K  R  P  M
K  I  W  S  C  T  Ś  Y  U  Y  A  D  T  A
O  A  M  E  L  O  N  V  M  A  N  G  O  L
B  A  N  A  N  Ł  I  O  U  A  N  A  J  I
K  O  K  O  S  K  A  W  O  K  A  D  O  N
V  O  C  C  S  M  Q  D  M  O  R  E  L  A
```

AWOKADO	MANGO
MORELA	JABŁKO
JAGODA	BRZOSKWINIA
WIŚNIA	MELON
KOKOS	NEKTARYNA
MALINA	PAPAJA
GUAWA	GRUSZKA
KIWI	ANANAS
CYTRYNA	BANAN

16 - Geología

```
I  K  S  M  Y  J  V  S  K  W  A  S  O  S
T  R  T  E  I  T  J  D  Ó  W  A  P  Ń  K
W  Y  R  R  E  N  Z  V  A  L  A  W  A  A
X  S  E  O  E  P  E  B  Q  I  U  R  Ł  M
K  Z  F  Z  W  E  A  R  U  E  X  S  C  I
A  T  A  J  W  U  L  K  A  N  K  T  H  E
M  A  W  A  R  S  T  W  A  Ł  Q  A  K  N
I  Ł  Y  Y  F  C  L  T  H  N  Y  L  J  I
E  Y  W  G  E  J  Z  E  R  E  W  A  H  A
Ń  S  T  A  L  A  G  M  I  T  Y  K  S  Ł
K  O  N  T  Y  N  E  N  T  J  E  T  Q  O
P  A  R  E  P  Ł  A  S  K  O  W  Y  Ż  Ś
K  O  R  A  L  G  R  O  T  A  E  T  M  Ć
Q  Z  C  J  R  O  W  R  L  U  Z  E  O  K
```

KWAS
WAPŃ
WARSTWA
GROTA
KONTYNENT
KORAL
KRYSZTAŁY
KWARC
EROZJA
STALAKTYT

STALAGMITY
SKAMIENIAŁOŚĆ
GEJZER
LAWA
PŁASKOWYŻ
MINERAŁY
KAMIEŃ
SÓL
WULKAN
STREFA

17 - Plantas

```
L F S H N D L N W Y T E C J
I A G Y B A M B U S E M W P
Ś S W M H A W J P Ł A T E K
C O H H M Ź R Ó D Ł O F Q N
I L A S T D Q C Z B N S U F
Y A F G V R M E C H Y E R Y
O B L K R Z A K M F I Z K S
G O O B E E W W K A K T U S
R T R L P W Y I A Ł J A H Y
Ó A A U I O D A N H A M U P
D N B S J Ś U T T Q G Q R B
Ł I G Z X D Ć O G G O V Y K
C K K C Q N I Z I P D V A Y
N A Ł Z O T I X R Z A C Ł P
```

KRZAK	LIŚCI
DRZEWO	FASOLA
BAMBUS	BLUSZCZ
JAGODA	TRAWA
LAS	LIŚĆ
BOTANIKA	OGRÓD
KAKTUS	MECH
NAWÓZ	PŁATEK
KWIAT	ŹRÓDŁO
FLORA	

18 - Suministros de Arte

```
F  S  T  Ó  Ł  U  P  P  A  A  T  A  S  T
Z  L  G  U  M  K  A  O  K  U  S  H  A  L
A  Y  L  F  V  P  S  M  W  E  Z  P  K  T
P  A  P  I  E  R  T  Y  A  F  T  V  R  A
F  W  Z  W  D  P  E  S  R  Q  A  K  Y  M
Ł  G  I  G  E  Ł  L  Ł  E  Y  L  R  L  D
O  Ł  Ó  W  K  I  E  Y  L  D  U  Z  B  N
P  Ł  C  S  F  S  J  K  E  F  G  E  B  Y
W  Ę  I  Ł  S  F  A  L  O  J  A  S  W  K
X  I  D  X  S  T  O  E  M  L  W  Ł  U  W
D  N  F  Z  W  K  P  J  K  L  O  O  G  O
G  R  V  I  L  K  A  M  E  R  A  R  Ł  D
G  L  I  N  A  E  O  L  E  J  H  K  Y  A
K  R  E  A  T  Y  W  N  O  Ś  Ć  U  F  L
```

OLEJ	KREATYWNOŚĆ
AKRYL	POMYSŁY
AKWARELE	OŁÓWKI
WODA	STÓŁ
GLINA	PAPIER
GUMKA	PASTELE
SZTALUGA	KLEJ
KAMERA	FARBY
PĘDZLE	KRZESŁO
KOLORY	

19 - Jardín

```
J  G  L  E  B  A  Z  J  H  G  N  U  C  T
T  A  C  C  M  O  A  Z  T  K  R  G  O  R
D  R  A  Z  V  T  F  H  I  R  D  D  G  A
K  A  Z  T  G  X  G  S  R  Z  V  T  N  W
I  Ż  R  F  R  S  M  T  Ł  A  W  K  A  N
Ł  O  P  A  T  A  L  A  M  K  Ą  U  J  I
O  G  R  Ó  D  D  M  W  Y  Y  Ż  B  V  K
T  H  A  M  A  K  T  P  G  A  N  E  K  C
G  A  V  P  A  F  H  R  O  I  N  X  Y  H
R  Ł  R  B  C  A  Ł  P  A  L  Q  K  W  W
A  R  T  A  X  L  L  C  K  W  I  Y  U  A
B  N  I  X  S  K  W  I  A  T  A  N  P  S
I  K  O  G  E  D  R  Z  E  W  O  T  A  T
E  O  G  R  O  D  Z  E  N  I  E  E  I  Y
```

KRZAK	OGRÓD
DRZEWO	CHWASTY
ŁAWKA	WĄŻ
TRAWNIK	ŁOPATA
STAW	GANEK
KWIAT	GRABIE
GARAŻ	GLEBA
HAMAK	TARAS
TRAWA	TRAMPOLINA
SAD	OGRODZENIE

20 - Países #2

```
Z  I  P  Q  Q  Y  R  Z  N  H  S  A  I  T
O  Q  J  H  S  O  O  P  B  C  F  U  N  X
V  W  P  A  K  I  S  T  A  N  O  S  D  A
C  X  C  J  J  K  J  H  B  L  L  T  O  U
P  T  S  I  R  L  A  N  D  I  A  R  N  S
J  O  Y  M  E  Ł  D  T  U  W  O  I  E  T
A  G  R  E  C  J  A  C  K  V  S  A  Z  R
P  M  I  T  E  G  N  F  R  A  N  C  J  A
O  E  A  I  U  U  I  Y  A  L  S  U  A  L
N  K  T  O  G  G  A  D  I  B  U  G  A  I
I  S  S  P  R  K  A  O  N  A  D  A  K  A
A  Y  I  I  I  U  W  L  A  N  A  N  M  B
S  K  M  A  Q  O  F  R  I  I  N  D  Y  N
P  J  A  M  A  J  K  A  L  A  A  A  H  Z
```

ALBANIA
AUSTRALIA
AUSTRIA
DANIA
ETIOPIA
FRANCJA
GRECJA
INDONEZJA
IRLANDIA
JAMAJKA

JAPONIA
LAOS
MEKSYK
PAKISTAN
PORTUGALIA
ROSJA
SYRIA
SUDAN
UKRAINA
UGANDA

21 - Números

```
S  I  E  D  E  M  Ł  F  O  R  X  A  O  I
A  D  Z  I  E  S  I  Ę  Ć  S  S  F  S  C
N  Z  D  Q  F  G  Ł  Ł  D  Z  I  J  I  Z
P  I  Ę  T  N  A  Ś  C  I  E  Z  E  E  T
I  E  S  R  H  C  U  R  I  S  E  D  M  E
Ę  W  G  Z  L  I  M  K  D  N  R  E  N  R
Ć  I  I  Y  E  J  V  G  Q  A  O  N  A  Y
S  Ę  B  I  J  Ś  T  K  T  Ś  C  E  Ś  J
T  Ć  E  V  Q  Z  Ć  B  A  C  U  D  C  O
I  C  D  W  A  N  A  Ś  C  I  E  Z  I  M
T  R  Z  Y  N  A  Ś  C  I  E  D  E  E  J
D  Z  I  E  S  I  Ę  T  N  Y  U  W  H  A
C  Z  T  E  R  N  A  Ś  C  I  E  C  A  X
S  I  E  D  E  M  N  A  Ś  C  I  E  N  S
```

CZTERNAŚCIE	DWA
ZERO	DZIEWIĘĆ
PIĘĆ	OSIEM
CZTERY	PIĘTNAŚCIE
DZIESIĘTNY	SZEŚĆ
OSIEMNAŚCIE	SIEDEM
SZESNAŚCIE	TRZYNAŚCIE
SIEDEMNAŚCIE	TRZY
DZIESIĘĆ	JEDEN
DWANAŚCIE	

22 - Mitología

```
Ś M I E R T E L N Y Ł U B Z
K U L T U R A L E G E N D A
A R C H E T Y P A H S I H C
O S K N J C D G N E V A H
L A B I R Y N T A C H Ł R O
Z E M S T A H W T B Ó S T W
A S T W O R Z E N I E U S A
Z W I E R Z E N I A D V X N
D X P P O T W Ó R A Q X M I
R S I Ł A K R E A C J A S E
O A O J P D L B O H A T E R
Ś G R Z M O T N I E B O R Z
Ć I U K A T A S T R O F A C
G J N W O J O W N I K Ł F P
```

ARCHETYP
ZAZDROŚĆ
NIEBO
ZACHOWANIE
KREACJA
WIERZENIA
STWORZENIE
KULTURA
BÓSTW
KATASTROFA

SIŁA
WOJOWNIK
BOHATER
LABIRYNT
LEGENDA
POTWÓR
ŚMIERTELNY
PIORUN
GRZMOT
ZEMSTA

23 - Ecología

```
N  E  S  S  N  A  T  U  R  A  Z  C  I  R
R  X  P  P  F  A  U  N  A  D  W  W  Ś  O
O  V  O  D  R  Z  T  S  B  J  U  K  W  Ś
Ś  P  Ł  D  Ł  Ł  P  U  M  A  M  C  I  L
L  L  E  L  X  D  R  S  R  B  G  Ł  A  I
I  C  C  D  X  U  Z  Z  Z  A  J  N  T  N
N  K  Z  Q  U  Y  E  A  L  A  L  E  O  Y
N  G  N  V  G  T  T  C  J  Ł  S  N  W  P
O  E  O  L  M  O  R  S  K  I  C  O  Y  P
Ś  V  Ś  I  V  L  W  F  L  O  R  A  B  S
Ć  K  C  J  V  P  A  K  G  Ł  V  Z  H  Y
K  L  I  M  A  T  N  G  A  T  U  N  E  K
Ł  S  J  R  B  S  I  E  D  L  I  S  K  O
F  H  Y  P  X  J  E  O  D  M  I  A  N  A
```

KLIMAT	NATURA
SPOŁECZNOŚCI	BAGNO
GATUNEK	ROŚLINY
FAUNA	ZASOBY
FLORA	SUSZA
ŚWIATOWY	PRZETRWANIE
SIEDLISKO	ODMIANA
MORSKI	ROŚLINNOŚĆ
NATURALNY	

24 - Casa

```
O  L  R  P  I  W  N  I  C  A  Ł  F  L  S
K  G  U  A  R  P  I  Ę  T  R  O  S  A  Y
N  B  R  S  H  Y  R  J  S  K  D  X  M  P
O  I  Ł  O  T  D  S  Y  W  R  M  S  P  I
B  B  S  W  D  R  X  Z  D  A  C  H  A  A
W  L  A  Ł  Y  Z  O  V  N  N  F  I  I  L
E  I  Ł  T  W  W  E  K  Ś  I  Ł  S  I  N
S  O  T  I  A  I  M  N  C  N  C  X  T  I
T  T  A  X  N  K  O  M  I  N  E  K  B  A
R  E  G  A  R  A  Ż  H  A  E  N  V  Ł  M
Y  K  U  C  H  N  I  A  N  Q  A  X  X  Y
C  A  Z  O  G  R  Ó  D  A  O  M  D  F  K
H  M  I  O  T  Ł  A  C  Y  Ł  B  X  Y  H
T  T  Z  O  L  G  T  D  H  B  P  E  U  F
```

DYWAN	KRAN
STRYCH	OGRÓD
BIBLIOTEKA	LAMPA
KOMINEK	ŚCIANA
KUCHNIA	PIĘTRO
SYPIALNIA	DRZWI
PRYSZNIC	PIWNICA
MIOTŁA	DACH
LUSTRO	OGRODZENIE
GARAŻ	OKNO

25 - Artes Visuales

```
P  C  L  F  C  I  K  L  Q  M  F  K  A  K
F  E  E  A  G  D  L  W  Ł  A  O  R  R  O
R  W  R  R  K  L  S  C  G  L  T  E  C  M
U  X  X  S  A  I  T  Q  L  A  O  A  Y  P
L  D  N  P  P  M  E  W  I  R  G  T  D  O
K  R  E  D  A  E  I  R  N  S  R  Y  Z  Z
P  C  A  O  N  V  K  K  A  T  A  W  I  Y
P  O  R  T  R  E  T  T  A  W  F  N  E  C
O  D  T  R  C  M  U  D  Y  O  I  O  Ł  J
Ł  I  Y  R  Z  E  Ź  B  A  W  A  Ś  O  A
Ó  J  S  W  A  Q  R  X  I  O  A  Ć  N  Ł
W  L  T  L  Ł  N  G  U  M  S  F  I  L  M
E  X  A  R  C  H  I  T  E  K  T  U  R  A
K  O  Z  Z  H  N  D  Ł  U  G  O  P  I  S
```

GLINA
ARCHITEKTURA
ARTYSTA
LAKIER
WOSK
CERAMIKA
KOMPOZYCJA
KREATYWNOŚĆ
RZEŹBA

FOTOGRAFIA
OŁÓWEK
ARCYDZIEŁO
FILM
PERSPEKTYWA
MALARSTWO
DŁUGOPIS
PORTRET
KREDA

26 - Escuela #2

```
A K A D E M I C K I P P X O
S U S F O Z O Y W N A U K A
X P T I S C M N Y G P B K B
O L I O Ą S Ł O W N I K O I
Ł E X F B Ż J Z A A E L M B
Ó C R Ł O U K B N U R I P L
W A L C G X S I T C X T U I
E K M C J Y G R Y Z F E T O
K U B R A N I E O Y T R E T
G C Z Y T A N I E C L A R E
T C D O S T A W M I B T A K
G R A M A T Y K A E S U O A
K A L E N D A R Z L E R Y A
T S J Ł E D U K A C J A D W
```

AKADEMICKI
AUTOBUS
BIBLIOTEKA
KALENDARZ
NAUKA
SŁOWNIK
EDUKACJA
GRAMATYKA
GRY
OŁÓWEK

CZYTANIE
KSIĄŻKI
LITERATURA
PLECAK
KOMPUTER
PAPIER
NAUCZYCIEL
UBRANIE
DOSTAW

27 - Selva Tropical

```
S C H R O N I E N I E Z T E
P T A K I C V F K L I M A T
M Z V L J E F D S C I P C R
Ł E B I U N N U F H K R D Ó
I H C N E N P H N M O Z D Ż
M W G H R Y G A T U N E K N
B O Z R P M M D D R S T J O
Y P Ł A Z Y M G B Y E R O R
B O T A N I C Z N Y R W O O
R V P T F S J D R S W A W D
N A T U R A S U C T A N A N
D Ż U N G L A A L V C I D O
S Z A C U N E K K F J E Y Ś
G E I S U Q W R E I A J E Ć
```

PŁAZY
BOTANICZNY
KLIMAT
RÓŻNORODNOŚĆ
GATUNEK
OWADY
SSAKI
MECH
NATURA

CHMURY
PTAKI
KONSERWACJA
SCHRONIENIE
SZACUNEK
DŻUNGLA
PRZETRWANIE
CENNY

28 - Colores

```
H  I  L  D  E  C  Z  A  R  N  Y  C  P  F
N  Q  F  B  Y  Z  M  A  G  E  N  T  A  U
U  F  I  O  L  E  T  O  W  Y  M  N  M  K
G  P  O  M  A  R  A  Ń  C  Z  O  W  Y  S
Y  G  S  H  Z  W  B  V  V  M  P  L  R  J
T  N  I  V  U  O  C  R  Ż  Ó  Ł  T  Y  A
I  I  Q  H  R  N  Y  Ó  Ą  R  Q  F  N  I
S  E  P  I  A  Y  J  Ż  Z  Ł  J  H  N
Z  B  B  A  Y  L  A  O  I  G  O  E  H  D
A  I  B  E  S  T  N  W  E  F  B  W  D  Y
R  E  J  I  Ż  S  J  Y  L  K  F  I  Y  G
Y  S  H  T  A  O  A  X  O  H  Ł  Q  B  O
F  K  J  L  C  Ł  W  M  Ń  Ł  K  F  W  G
I  I  U  R  Z  W  Y  Y  Y  W  X  H  E  V
```

ŻÓŁTY	MAGENTA
NIEBIESKI	BRĄZOWY
LAZUR	POMARAŃCZOWY
BEŻOWY	CZARNY
BIAŁY	FIOLETOWY
CYJAN	CZERWONY
FUKSJA	RÓŻOWY
SZARY	SEPIA
INDYGO	ZIELONY

29 - Adjetivos #1

```
A  B  S  O  L  U  T  N  Y  P  A  J  Ł  U
N  O  W  O  C  Z  E  S  N  Y  G  Ł  Ł  C
A  M  Ł  O  D  Y  H  O  J  N  Y  M  Z  S
R  Y  P  Ł  U  D  O  S  K  O  N  A  Ł  Y
O  S  P  G  Ż  U  A  O  G  R  O  M  N  Y
M  N  U  I  Y  T  M  G  C  I  E  M  N  Y
A  I  Q  S  E  E  B  P  C  E  N  N  Y  U
T  E  W  D  N  Z  I  O  O  K  Ł  M  D  C
Y  W  A  Ż  N  Y  T  W  P  W  T  L  Y  Z
C  I  Ę  Ż  K  I  N  A  W  L  O  I  I  C
Z  N  L  S  A  J  Y  Ż  Y  B  N  L  N  I
N  N  T  H  J  A  S  N  Y  S  V  F  I  W
Y  Y  Y  V  T  M  A  Y  R  Ł  N  K  B  Y
P  O  P  B  A  K  T  Y  W  N  Y  X  N  H
```

ABSOLUTNY
AKTYWNY
AMBITNY
AROMATYCZNY
JASNY
OGROMNY
HOJNY
DUŻY
UCZCIWY
WAŻNY

NIEWINNY
MŁODY
POWOLI
NOWOCZESNY
CIEMNY
DOSKONAŁY
CIĘŻKI
POWAŻNY
CENNY

30 - Familia

```
C  Ż  D  Z  I  E  C  I  Ń  S  T  W  O  M
V  O  B  R  A  T  A  N  E  K  T  B  D  D
I  N  S  I  O  S  T  R  A  R  J  M  Z  O
M  A  C  I  E  R  Z  Y  Ń  S  K  I  I  X
F  B  O  X  O  Ł  Q  Z  W  T  U  M  E  D
M  A  T  K  A  S  U  V  E  E  Z  W  C  Z
Ą  B  K  N  G  Z  T  W  L  O  Y  F  K  I
Ż  C  I  O  T  K  A  R  Z  M  N  Q  O  A
O  I  A  K  T  I  P  R  Z  O  D  E  K  D
J  A  M  X  P  A  W  B  Q  E  P  H  Y  E
C  W  Y  F  B  C  Ó  R  K  A  N  Y  S  K
I  U  N  M  W  N  I  A  Y  J  I  I  F  B
E  I  W  U  J  E  K  T  Y  D  N  R  C  N
C  U  U  Z  K  D  Z  I  E  C  I  R  D  A
```

BABCIA	MACIERZYŃSKI
DZIADEK	WNUK
PRZODEK	DZIECKO
ŻONA	DZIECI
SIOSTRA	OJCIEC
BRAT	KUZYN
CÓRKA	SIOSTRZENICA
DZIECIŃSTWO	BRATANEK
MATKA	CIOTKA
MĄŻ	WUJEK

31 - Disciplinas Científicas

```
T  S  B  V  E  D  E  M  B  A  K  O  G  P
E  B  A  F  J  C  K  E  I  N  Ł  B  M  S
R  T  S  M  W  H  O  C  O  A  M  V  I  Y
M  A  T  S  A  E  L  H  C  T  D  N  N  C
O  D  R  O  H  M  O  A  H  O  O  R  E  H
D  B  O  C  E  I  G  N  E  M  D  R  R  O
Y  I  N  J  H  A  I  I  M  I  Ż  B  A  L
N  O  O  O  Z  E  A  K  I  A  Y  O  L  O
A  L  M  L  H  W  O  A  A  G  W  T  O  G
M  O  I  O  G  E  O  L  O  G  I  A  G  I
I  G  A  G  T  O  L  T  O  X  A  N  I  A
K  I  P  I  J  M  R  A  W  G  N  I  A  U
A  A  N  A  B  Ł  P  Ł  D  B  I  K  U  Y
N  E  U  R  O  L  O  G  I  A  E  A  W  F
```

ANATOMIA	MECHANIKA
ARCHEOLOGIA	MINERALOGIA
ASTRONOMIA	NEUROLOGIA
BIOLOGIA	ODŻYWIANIE
BIOCHEMIA	PSYCHOLOGIA
BOTANIKA	CHEMIA
EKOLOGIA	SOCJOLOGIA
GEOLOGIA	TERMODYNAMIKA

32 - Gatos

```
P A M S H G D Z I K I G C K
M Y Ś L I W Y P A Z U R Z R
G A M L E O B Ł V B E G U N
N Q Ł M Y S E E J J A P Ł U
I S F Y I O C I E K A W Y Q
E E I S V B R Q V O G O N Q
Z N G Z W O U S Z Y B K I Y
A M L I A W F U T R O M X D
L Ł A P A O S Z A L O N Y I
E N R P M Ś I P R Z Ę D Z A
Ż P N E E Ć N O A Z M I U R
N B Y M B E P R Q G N P I M
Y T N K F V Y N A P C K K B
S U O U Q N I E Ś M I A Ł Y
```

CZUŁY
MYŚLIWY
OGON
CIEKAWY
SEN
PAZUR
ZABAWNY
PRZĘDZA
NIEZALEŻNY
FIGLARNY

SZALONY
ŁAPA
OSOBOWOŚĆ
FUTRO
MAŁY
MYSZ
SZYBKI
DZIKI
NIEŚMIAŁY

33 - Cocina

```
A  M  X  H  P  R  Z  E  P  I  S  Ż  G  L
Z  Y  S  C  G  R  I  L  L  D  H  Y  Ą  T
K  P  A  Ł  E  C  Z  K  I  T  M  W  B  Y
H  U  V  K  Ł  Z  Ł  Y  Ż  K  I  N  K  B
F  U  B  E  B  A  T  R  P  K  S  O  A  P
X  M  X  K  H  J  Z  F  C  R  K  Ś  R  I
I  D  T  F  I  N  Ł  P  G  R  A  Ć  W  E
D  Z  O  D  N  I  A  L  N  K  D  W  Y  K
U  B  X  Z  V  K  Ł  H  O  Y  K  O  Y  A
F  A  R  T  U  C  H  J  Ż  D  A  K  W  R
Y  N  V  V  I  I  T  L  E  A  Ó  A  U  N
O  E  O  I  K  P  J  E  Ś  Ć  S  W  O  I
L  K  C  H  O  C  H  L  A  T  E  N  K  K
Z  A  M  R  A  Ż  A  R  K  A  Z  I  H  A
```

CZAJNIK
JEŚĆ
ŻYWNOŚĆ
ZAMRAŻARKA
ŁYŻKI
CHOCHLA
NOŻE
FARTUCH
PRZYPRAWY

GĄBKA
PIEKARNIK
DZBANEK
PAŁECZKI
GRILL
PRZEPIS
LODÓWKA
KUBKI
MISKA

34 - Escuela #1

```
K  O  F  P  R  Z  Y  J  A  C  I  E  L  E
Y  S  Ł  J  Y  G  G  I  O  M  I  G  I  Z
E  Q  I  Ó  Ł  M  D  L  D  A  K  Z  C  D
Q  Ł  Z  Ą  W  W  U  A  P  T  M  A  Z  N
U  L  C  Y  Ż  E  Q  L  O  E  A  M  B  A
I  B  B  F  V  K  K  F  W  M  R  I  Y  U
Z  A  B  A  W  A  I  A  I  A  K  N  O  C
K  R  Z  E  S  Ł  O  B  E  T  E  Y  B  Z
Y  U  G  D  F  W  F  E  D  Y  R  E  I  Y
S  Ł  M  Q  H  B  L  T  Z  K  Y  E  A  C
F  O  L  D  E  R  Y  Q  I  A  Z  X  D  I
B  I  B  L  I  O  T  E  K  A  A  H  L  E
P  A  P  I  E  R  F  B  I  U  R  K  O  L
D  Ł  U  G  O  P  I  S  Y  K  L  A  S  A
```

ALFABET	OŁÓWEK
OBIAD	KSIĄŻKI
PRZYJACIELE	MARKERY
KLASA	MATEMATYKA
BIBLIOTEKA	LICZBY
FOLDERY	PAPIER
ZABAWA	DŁUGOPISY
BIURKO	NAUCZYCIEL
QUIZ	ODPOWIEDZI
EGZAMINY	KRZESŁO

35 - Adjetivos #2

```
W  Z  D  R  O  W  Y  D  Ł  H  S  I  Ł  O
T  A  A  W  O  O  G  H  U  I  I  O  L  C
T  W  Ó  R  C  Z  Y  M  Y  M  L  P  K  C
Y  J  P  X  Z  G  P  I  K  A  N  T  N  Y
N  A  T  U  R  A  L  N  Y  V  Y  Y  E  Z
N  D  R  A  M  A  T  Y  C  Z  N  Y  L  M
O  P  I  S  O  W  Y  N  O  W  Y  G  E  Ę
R  D  S  Ł  O  N  Y  M  U  Y  H  R  G  C
M  P  R  O  D  U  K  T  Y  W  N  Y  A  Z
A  Y  J  D  Ł  Ł  T  S  B  G  Z  U  N  O
L  N  Q  K  U  L  R  E  U  J  G  X  C  N
N  Ś  W  I  E  Ż  Y  E  W  C  A  N  K  Y
A  U  K  E  S  Ł  A  W  N  Y  H  R  I  Y
Ł  L  N  Q  J  A  D  A  L  N  Y  Y  Y  I
```

ZMĘCZONY	NATURALNY
JADALNY	NORMALNA
TWÓRCZY	NOWY
OPISOWY	DUMNY
DRAMATYCZNY	PIKANTNY
SŁODKIE	PRODUKTYWNY
ELEGANCKI	SŁONY
SŁAWNY	ZDROWY
ŚWIEŻY	SUCHY
SILNY	

36 - Cuerpo Humano

```
L  N  K  D  U  U  S  D  L  E  E  Q  D  D
W  Y  Q  R  H  C  M  R  E  A  A  Z  J  E
X  X  V  I  O  H  T  J  C  B  Z  V  C  S
S  K  S  K  Ł  O  K  I  E  Ć  U  L  O  K
L  R  N  X  G  B  O  K  E  S  U  S  Y  Z
P  E  O  I  J  O  Ł  P  T  I  N  O  T  I
O  W  S  O  Ę  T  W  A  R  Z  A  C  Q  A
D  W  X  D  Z  N  P  K  S  K  Ó  R  A  F
B  X  D  O  Y  X  A  O  Z  E  M  Ó  Z  G
R  Ę  K  A  K  J  L  S  Y  U  R  W  M  C
Ó  N  Y  N  H  O  E  T  J  Q  A  C  Z  A
D  G  Ł  O  W  A  C  K  A  F  M  Y  E  X
E  B  E  G  A  X  C  A  Z  X  I  L  D  Z
K  O  L  A  N  O  G  S  Z  E  Ę  O  A  U
```

PODBRÓDEK   JĘZYK
USTA   RĘKA
GŁOWA   NOS
TWARZ   OKO
MÓZG   UCHO
ŁOKIEĆ   SKÓRA
SERCE   NOGA
SZYJA   KOLANO
PALEC   KREW
RAMIĘ   KOSTKA

37 - Ciencia

```
V Z X O N C K X H F C G L C
G R W G R A W I T A C J A H
J O C Z Ą S T K I K E S B E
V Ś Q T B J M U N T O X O T
P L K U D O E E R B K F R F
H I P O T E Z A T A W E A I
M N K L I M A T L O R H T Z
Q Y J D Z F G O Z I D A O Y
E K S P E R Y M E N T A R K
O R G A N I Z M B O U E I A
E W O L U C J A O D Ł B U V
C Z Ą S T E C Z K I A S M B
N A U K O W I E C R C N B P
M I N E R A Ł Y N I X C E Z
```

ATOM	HIPOTEZA
NAUKOWIEC	LABORATORIUM
KLIMAT	METODA
DANE	MINERAŁY
EWOLUCJA	CZĄSTECZKI
EKSPERYMENT	NATURA
FIZYKA	ORGANIZM
GRAWITACJA	CZĄSTKI
FAKT	ROŚLINY

38 - Dinosaurios

```
S R U K M A M U T E G S W R
K Q W M K L P U P D J S S O
R Z Ł O Ś L I W Y U W Q Z Z
Z I E M I A G E T Ż Q S Y M
Y O G R O M N Y I Y Ł K S I
D R W E A A G A D F G N T A
Ł X T I W P G A T U N E K R
A F Z N U O T I E O Z K O H
E G Y P F C L O H G A M Ż Y
P O T Ę Ż N Y U R O N F E F
K T Ł L Ł Ł D N C N I R R S
F X G A E D C P A J K E N D
K M I Ę S O Ż E R C A A Y N
R O Ś L I N O Ż E R N E W C
```

SKRZYDŁA
MIĘSOŻERCA
OGON
ZANIK
OGROMNY
GATUNEK
EWOLUCJA
DUŻY
ROŚLINOŻERNE

MAMUT
WSZYSTKOŻERNY
POTĘŻNY
RAPTOR
GAD
ROZMIAR
ZIEMIA
ZŁOŚLIWY

39 - Restaurante #2

```
B  L  G  W  C  F  Z  S  R  B  D  V  N  Z
P  F  J  O  K  B  A  G  Ł  Y  Ż  K  A  U
K  R  T  D  O  B  I  A  D  V  B  L  P  P
E  N  Z  A  W  I  D  E  L  E  C  A  Ó  A
L  P  Z  Y  P  N  F  A  Y  G  I  U  J  S
N  M  A  K  P  R  Z  Y  S  T  A  W  K  A
E  H  F  K  Y  R  T  Z  Ó  P  S  G  R  Ł
R  L  Ó  D  S  G  A  B  L  M  T  P  Z  A
W  B  D  U  Z  I  O  W  C  E  O  I  E  T
S  B  N  W  N  U  O  N  Y  Y  Y  E  S  K
I  J  X  W  Y  F  R  W  Z  G  P  R  Ł  A
M  A  K  A  R  O  N  M  O  L  C  U  O  C
Z  J  W  H  C  F  E  T  Ł  C  N  Z  Z  B
I  A  W  A  R  Z  Y  W  A  T  Y  J  F  U
```

WODA	OWOC
PRZYSTAWKA	LÓD
NAPÓJ	JAJA
KELNER	CIASTO
OBIAD	RYBA
ŁYŻKA	SÓL
PYSZNY	KRZESŁO
SAŁATKA	ZUPA
PRZYPRAWY	WIDELEC
MAKARON	WARZYWA

40 - Profesiones #1

```
N A M B A S A D O R B Q W T
A I P I E L Ę G N I A R K A
U T R E N E R E O Ł N J R N
K J T O M K L O B A K U E C
O D L F N A Q L Q O I B D E
W N W Ł I R O O I T E I A R
I V Ł A V Z K G J N R L K Z
E A D W O K A T A T L E T A
C H Y D R A U L I K Q R O Q
M Y Ś L I W Y M U Z Y K R V
A S T R O N O M G Q K E S K
K A R T O G R A F I C S Z F
P I A N I S T A J W W X T G
S T R A Ż A K H Y B R H L R
```

ADWOKAT   REDAKTOR
ASTRONOM   AMBASADOR
ATLETA   PIELĘGNIARKA
TANCERZ   TRENER
BANKIER   HYDRAULIK
STRAŻAK   GEOLOG
KARTOGRAF   JUBILER
MYŚLIWY   MUZYK
NAUKOWIEC   PIANISTA
LEKARZ

41 - Vehículos

```
I  P  R  Ś  D  T  I  G  H  F  C  Q  S  D
L  O  O  D  M  B  Z  R  Q  X  I  T  A  Ł
G  C  W  Q  S  I  L  N  I  K  Ą  R  M  Ó
C  I  E  Y  X  X  G  F  Q  K  G  A  O  D
D  Ą  R  B  E  G  Y  Ł  D  R  N  T  L  Ź
V  G  J  R  A  I  F  M  O  K  I  W  O  P
K  A  M  B  U  L  A  N  S  W  K  A  T  O
A  M  N  M  O  P  O  N  Y  K  I  F  M  D
R  A  K  I  E  T  A  Ł  Ó  D  Ź  E  R  W
A  K  M  O  B  T  A  X  I  K  G  J  C  O
W  Z  F  E  D  P  R  O  M  Ł  L  B  H  D
A  P  Z  G  S  A  M  O  C  H  Ó  D  P  N
N  C  I  Ę  Ż  A  R  Ó  W  K  A  K  L  A
A  U  T  O  B  U  S  G  F  R  P  H  A  I
```

AMBULANS
AUTOBUS
SAMOLOT
TRATWA
ŁÓDŹ
ROWER
CIĘŻARÓWKA
KARAWANA
SAMOCHÓD
RAKIETA

PROM
VAN
ŚMIGŁOWIEC
METRO
SILNIK
OPONY
ŁÓDŹ PODWODNA
TAXI
CIĄGNIK
POCIĄG

42 - Vacaciones #2

```
O  S  G  Ó  R  Y  N  S  P  T  J  M  P  H
D  U  F  O  X  L  Z  K  C  L  W  R  Z  J
R  E  Z  E  R  W  A  C  J  E  A  Y  A  Y
W  N  P  O  D  R  Ó  Ż  Q  M  G  Ż  X  Ł
Y  A  B  Q  W  S  L  U  B  O  Q  B  A  Z
S  M  W  A  K  A  C  J  E  R  T  A  X  I
P  I  G  L  Z  H  P  A  S  Z  P  O  R  T
A  O  C  U  D  Z  O  Z  I  E  M  I  E  C
V  T  T  Q  J  Z  C  T  I  A  M  O  O  Z
W  Ł  U  N  Ę  I  I  F  E  P  A  Q  A  J
I  Y  M  P  C  N  Ą  Z  A  L  P  A  N  I
Z  L  C  A  I  T  G  G  Ł  E  A  I  N  U
A  I  S  H  A  T  R  A  N  S  P  O  R  T
L  O  T  N  I  S  K  O  L  Y  I  S  A  M
```

LOTNISKO	PASZPORT
NAMIOT	PLAŻA
CUDZOZIEMIEC	REZERWACJE
ZDJĘCIA	TAXI
HOTEL	TRANSPORT
WYSPA	POCIĄG
MAPA	WAKACJE
MORZE	PODRÓŻ
GÓRY	WIZA

43 - Cumpleaños

```
J  S  Y  V  O  Ś  M  X  K  Z  Z  T  K  C
U  J  M  H  T  W  Ą  Z  A  B  A  W  A  I
Z  R  Ł  Z  Y  I  D  D  L  P  P  C  R  A
W  O  O  E  N  E  R  V  E  I  R  N  T  S
G  K  D  C  V  C  O  X  N  O  O  Z  Y  T
U  P  Y  Z  Z  E  Ś  D  D  S  S  J  S  O
R  R  V  A  F  Y  Ć  F  A  E  Z  R  P  U
O  E  F  S  Q  A  S  C  R  N  E  H  E  T
D  Z  I  E  Ń  H  E  T  Z  K  N  H  C  Y
Z  E  I  P  N  G  X  X  O  A  I  F  J  U
O  N  R  A  D  O  S  N  Y  Ś  A  W  A  H
N  T  Ł  X  P  P  T  B  Q  N  Ć  I  L  I
Y  H  S  Z  C  Z  Ę  Ś  L  I  W  Y  N  D
W  S  P  O  M  N  I  E  N  I  A  N  Y  J
```

RADOSNY	MŁODY
ROK	URODZONY
KALENDARZ	CIASTO
PIOSENKA	WSPOMNIENIA
UROCZYSTOŚĆ	PREZENT
ZABAWA	MĄDROŚĆ
DZIEŃ	KARTY
SPECJALNY	CZAS
SZCZĘŚLIWY	ŚWIECE
ZAPROSZENIA	

44 - Baile

```
M X C H O R E O G R A F I A
U M K Z E W I Z U A L N Y K
Z O U X M W Z Q J U J V D A
Y Y L T O P O S T A W A Q D
K K T V C I A Ł O R Y T M E
A C U P J E T E P Ł F P K M
S C R L A D X F G A K Z L I
K Z A D T R A D O S N Y A A
O X T A G U T Z V K C U S K
K Y J U T C R N N A G T Y F
J X Y P K H Ł A E L O B C C
S P R Ó B A W U L R Q Y Z L
W Y R A Z I S T Y N G R N B
T R A D Y C Y J N Y Y J Y D
```

AKADEMIA	WYRAZISTY
RADOSNY	ŁASKA
SZTUKA	RUCH
KLASYCZNY	MUZYKA
CHOREOGRAFIA	POSTAWA
CIAŁO	RYTM
KULTURA	SKOK
KULTURALNY	PARTNER
EMOCJA	TRADYCYJNY
PRÓBA	WIZUALNY

45 - Matemáticas

```
V  R  R  R  P  F  A  G  H  K  B  M  K  R
D  W  Ó  Ó  R  P  R  O  M  I  E  Ń  W  Ó
P  I  W  W  O  T  Y  A  Z  M  V  V  A  W
G  E  N  N  S  R  T  P  K  G  E  Z  D  N
W  L  A  O  T  Ó  M  R  U  C  E  D  R  O
Y  O  N  L  O  J  E  O  L  W  J  O  A  L
K  K  I  E  P  K  T  S  A  E  C  A  T  E
Ł  Ą  E  G  A  Ą  Y  T  S  Ł  V  W  B  G
A  T  T  Ł  D  T  K  O  B  W  Ó  D  J  Ł
D  P  M  Y  Ł  S  A  K  A  X  T  M  L  O
N  I  W  N  Y  G  H  Ą  Z  A  Q  R  K  B
I  Y  G  E  O  M  E  T  R  I  A  Ł  W  O
K  U  D  D  Z  I  E  S  I  Ę  T  N  Y  K
Ś  R  E  D  N  I  C  A  Y  Q  D  W  D  Q
```

ARYTMETYKA
KĄTY
OBWÓD
KWADRAT
DZIESIĘTNY
ŚREDNICA
RÓWNANIE
KULA
WYKŁADNIK

FRAKCJA
GEOMETRIA
RÓWNOLEGŁY
RÓWNOLEGŁOBOK
PROSTOPADŁY
WIELOKĄT
PROMIEŃ
PROSTOKĄT
TRÓJKĄT

46 - Restaurante #1

```
D  Q  W  K  E  L  N  E  R  K  A  X  S  M
K  A  S  J  E  R  S  Q  F  A  M  P  K  I
U  S  O  S  Y  K  N  J  U  W  I  I  Ł  Ę
R  J  C  R  I  Q  U  D  M  A  S  Z  A  S
C  E  P  Y  O  Q  Ł  C  E  G  K  M  D  O
Z  Ś  Z  I  K  U  C  H  N  I  A  D  N  S
A  Ć  W  E  K  E  P  L  U  Ó  B  E  I  E
K  O  C  M  R  A  D  E  F  F  Ż  S  K  R
O  Ł  U  Q  K  W  N  B  Ł  T  Y  E  I  W
A  L  E  R  G  I  A  T  E  F  W  R  U  E
T  A  L  E  R  Z  C  C  N  A  N  K  G  T
Ł  K  O  M  K  T  B  U  J  Y  O  A  C  K
L  Z  N  T  V  M  M  Z  Y  A  Ś  Y  F  A
U  V  A  U  R  W  R  E  B  Q  Ć  R  D  V
```

ALERGIA	MENU
KAWA	CHLEB
KASJER	PIKANTNY
KELNERKA	TALERZ
MIĘSO	KURCZAK
KUCHNIA	DESER
JEŚĆ	REZERWACJA
ŻYWNOŚĆ	SOS
NÓŻ	SERWETKA
SKŁADNIKI	MISKA

47 - Profesiones #2

```
O  Z  B  I  B  L  I  O  T  E  K  A  R  Z
C  G  T  V  I  I  R  E  D  P  I  L  O  T
H  F  R  I  T  N  Y  Y  E  E  B  X  Z  H
I  I  B  O  I  Ż  F  O  T  O  G  R  A  F
R  L  A  Z  D  Y  F  C  E  Z  A  J  R  Y
U  O  D  P  X  N  C  F  K  B  S  T  W  D
R  Z  A  Ł  N  I  I  D  T  G  G  N  Y  E
G  O  C  B  D  E  E  K  Y  C  L  U  N  N
M  F  Z  L  S  R  T  P  W  T  B  R  A  T
Ł  E  J  N  A  U  C  Z  Y  C  I  E  L  Y
I  L  U  S  T  R  A  T  O  R  O  W  A  S
A  S  T  R  O  N  A  U  T  A  L  N  Z  T
L  E  K  A  R  Z  L  I  K  Y  O  T  C  A
M  A  L  A  R  Z  J  O  Q  A  G  Z  A  Ł
```

ASTRONAUTA	INŻYNIER
BIBLIOTEKARZ	WYNALAZCA
BIOLOG	BADACZ
CHIRURG	OGRODNIK
DENTYSTA	LEKARZ
DETEKTYW	PILOT
FILOZOF	MALARZ
FOTOGRAF	NAUCZYCIEL
ILUSTRATOR	

48 - Senderismo

```
P R Z Y G O T O W A N I E S
P N P Z N R Z M Ę C Z O N Y
R I C X V I S A Q U G U U Q
Z R I Q K E M P I N G Ó K T
E K Ę D J N K A N A T U R A
W R Ż H C T W L H H Z X E A
O S K K X A Ł O I P A R K I
D Z I K I C F W D M X A W K
N C S O T J E D T A A R M L
I Z Ł M Z A U P H B U T Y I
K Y O A K A M I E N I E E F
I T Ń R G W B K E E M Z G Q
O P C Y D D W O V T Q A V P
N Y E O O Z W I E R Z Ą T M
```

KLIF
WODA
ZWIERZĄT
BUTY
KEMPING
ZMĘCZONY
KLIMAT
SZCZYT
PRZEWODNIKI
MAPA

GÓRA
KOMARY
NATURA
ORIENTACJA
PARKI
CIĘŻKI
KAMIENIE
PRZYGOTOWANIE
DZIKI
SŁOŃCE

49 - Naturaleza

```
Z W I E R Z Ą T E C G U O T
Z S A N K T U A R I U M K Z
U O W I Y O P Q O N Z W Ł S
P U S T Y N I A Z F N X T T
L W R N L Y Ę X J N G I K K
L I E D Z D K I A R Z E K A
K A Ś R R E N K D Z T L W P
O G S C C L O D O W I E C S
W N R Ł I M G Ł A Y D V H Z
T R O P I K A L N Y Z C M C
A R K T Y C Z N Y Z I F U Z
S P O K O J N Y I K K M R O
D Y N A M I C Z N Y I W Y Ł
S C H R O N I E N I E S X Y
```

PSZCZOŁY
ZWIERZĄT
ARKTYCZNY
PIĘKNO
LAS
PUSTYNIA
DYNAMICZNY
EROZJA
LIŚCI

LODOWIEC
MGŁA
CHMURY
SCHRONIENIE
RZEKA
DZIKI
SANKTUARIUM
SPOKOJNY
TROPIKALNY

50 - Conduciendo

```
R U C H D R O G O W Y M P T
X R G T W Y P A D E K O A R
K W D U U Z P X U M H T L A
O Ł A N H S I L N I K O I N
B S B E S R E R W R W C W S
G U T L A X S A I I H Y O P
H M C R M G Z Z A D D K M O
A Y O Ł O G Y A F H A L Z R
M D C N C Ż A U T O B U S T
U A C M H L N Z Z Ł G U A N
L O P I Ó B M O R Q A L W N
C R N A D X U D Ś A R I H K
E P O L I C J A D Ć A C N E
C I Ę Ż A R Ó W K A Ż A C Y
```

WYPADEK   MAPA
AUTOBUS   MOTOCYKL
ULICA   SILNIK
CIĘŻARÓWKA   PIESZY
SAMOCHÓD   POLICJA
PALIWO   OSTROŻNOŚĆ
HAMULCE   TRANSPORT
GARAŻ   RUCH DROGOWY
GAZ   TUNEL

51 - Ballet

```
M U Z Y K A A P E K P M W I
B M L O T S R U B O R I Y N
A I E I E P T B C M Ó Ę R T
L E K P C O Y L H P B Ś A E
E J C O H F S I O O A N Z N
R Ę J K N G T C R Z Z I I S
I T E L I V Y Z E Y D E S Y
N N I A K W C N O T T K T W
A O F S A R Z O G O G M Y N
I Ś A K V J N Ś R R E E W O
M Ć W I C Z Y Ć A M S N Ł Ś
T A N C E R Z E F M T S K Ć
B Q O T G O R K I E S T R A
S U Z S T Y L D A M Q E E Ł
```

OKLASKI	GEST
ARTYSTYCZNY	UMIEJĘTNOŚĆ
PUBLICZNOŚĆ	INTENSYWNOŚĆ
BALERINA	LEKCJE
TANCERZE	MIĘŚNIE
KOMPOZYTOR	MUZYKA
CHOREOGRAFIA	ORKIESTRA
PRÓBA	ĆWICZYĆ
STYL	RYTM
WYRAZISTY	TECHNIKA

52 - Aventura

```
N N A T U R A R O D W A G A
I T P D Z I A Ł A L N O Ś Ć
E R O D E L N R S D H N T D
Z U D N T Y A O H N O T I L
W D R O R A W H A M G Ś S G
Y N Ó W Y C I E C Z K A Ć P
K O Ż Y W B G H S P N G J I
Ł Ś E G U N A G Q Z E P T Ę
Y Ć H X B Z C B Q O A H W K
Y X I Q T D J T J W Z N Q N
I P R Z Y J A C I E L E S O
N I E B E Z P I E C Z N Y A
Z A S K A K U J Ą C Y G L H
E N T U Z J A Z M A F F D D
```

DZIAŁALNOŚĆ
RADOŚĆ
PRZYJACIELE
PIĘKNO
TRUDNOŚĆ
ENTUZJAZM
WYCIECZKA
NIEZWYKŁY

NATURA
NAWIGACJA
NOWY
SZANSA
NIEBEZPIECZNY
ZASKAKUJĄCY
ODWAGA
PODRÓŻE

53 - Pájaros

```
J W P Y O R I V O K S D U K
P A R E Y G E D U C U R N U
I Y S O L W A H R Ł C C M K
N I P T N I H F U I Z Z S U
G Z H R R A K U R C Z A K Ł
W W K A C Z K A V A Z P W K
I S G P C J Ą P N F J L G A
N U Ę E J Q R B O C I A N C
D X Ś M E W A W R Ó B E L G
F L A M I N G Q P A P U G A
T U K A N S T R U Ś L A O L
X X M K G B Y J A J K O Ł N
J O R Z E Ł A B Ę D Ź N Ą S
T G L I W T V O S K I M B L
```

STRUŚ
ORZEŁ
BOCIAN
ŁABĘDŹ
KUKUŁKA
WRONA
FLAMING
GĘŚ
CZAPLA
MEWA

WRÓBEL
JASTRZĄB
JAJKO
PAPUGA
GOŁĄB
KACZKA
PELIKAN
PINGWIN
KURCZAK
TUKAN

54 - Playa

```
O Y K F R E M S Ł O Ń C E K
I D R A F A O P A Y B K Z Q
X C A D R V R C Ł N N U P R
H M B B Ę D Z G B Y D A N O
W A K A C J E L S D W A W K
Y P R O Z B Y O A G C A Ł W
S A Ł V N P Q R F G H J Ć Y
P R Ó O I Ł P W D S U U U B
A A D Q K P I F K J E N J R
P S Ź G B Ż A G L Ó W K A Z
Z O O T V B S O H X O X R E
M L G L O C E A N L W F J Ż
I T R P Q S K W F Q M P I E
W N I E B I E S K I R V L C
```

PIASEK   PŁYWAĆ
RAFA   OCEAN
NIEBIESKI   PARASOL
ŁÓDŹ   SANDAŁY
KRAB   SŁOŃCE
WYBRZEŻE   RĘCZNIK
WYSPA   WAKACJE
LAGUNA   ŻAGLÓWKA
MORZE

55 - Surf

```
W I O S Ł O T Ł A O O Z Y P
T B E D Ż O Ł Ą D E K A Y O
Ł F E P R Z U S I Ł A B P P
P Ł Y W A Ć M E T V Ł A S U
L F V A F U Y R A Y F W A L
G Z P S A C R P Z O L A T A
F A L A P A B J O C C D L R
G G A S N I D T P G N S E N
Z N Ż F J B A E Ł A O C T Y
Ł G A J Q X I N Y O K D A A
S K R A J N Y Q K B C C A W
O C E A N S U E M A Q U Q Y
T J D E W W M I S T R Z K X
P O C Z Ą T K U J Ą C Y V S
```

RAFA	SIŁA
ATLETA	TŁUMY
MISTRZ	PŁYWAĆ
POGODA	OCEAN
ZABAWA	FALA
PIANKA	PLAŻA
STYL	POPULARNY
ŻOŁĄDEK	POCZĄTKUJĄCY
SKRAJNY	WIOSŁO

56 - Geografía

```
P  H  V  L  R  W  I  P  Z  I  Y  Ś  W  P
G  Ó  R  A  S  E  Y  F  U  X  T  W  X  O
O  N  Ł  R  V  C  G  S  H  E  G  I  J  D
Z  R  Q  N  F  X  A  I  P  V  Q  A  T  N
U  Ó  S  M  O  R  Z  E  O  A  A  T  S  I
B  W  B  Z  A  C  H  Ó  D  N  X  C  J  E
V  N  P  O  Ł  U  D  N  I  K  R  A  J  S
G  I  U  M  K  O  N  T  Y  N  E  N  T  I
M  K  C  I  R  R  F  F  Q  E  E  M  Y  E
A  T  L  A  S  Z  O  S  G  C  K  D  R  N
P  Ł  Ł  S  R  E  W  W  N  V  E  G  M  I
A  S  R  T  S  K  P  Ó  Ł  K  U  L  A  E
G  T  F  O  J  A  W  Y  S  O  K  O  Ś  Ć
Y  M  C  Z  D  D  P  O  Ł  U  D  N  I  E
```

WYSOKOŚĆ	POŁUDNIK
ATLAS	GÓRA
MIASTO	ŚWIAT
KONTYNENT	PÓŁNOC
RÓWNIK	ZACHÓD
PODNIESIENIE	KRAJ
PÓŁKULA	REGION
WYSPA	RZEKA
MAPA	POŁUDNIE
MORZE	

57 - Deportes

```
G  W  O  O  D  P  G  R  A  C  Z  N  Z  B
Z  I  M  H  Z  F  Ł  S  P  H  N  F  W  A
J  V  R  O  W  E  R  Y  G  O  L  F  Y  S
Y  G  T  K  L  W  Q  Z  W  C  Ł  G  C  E
K  T  R  E  N  E  R  D  R  A  S  I  I  B
Z  G  P  J  A  T  L  E  T  A  Ć  M  Ę  A
M  I  S  T  R  Z  O  S  T  W  O  N  Z  L
P  M  K  O  S  Z  Y  K  Ó  W  K  A  C  L
X  N  G  B  X  Ę  T  E  N  I  S  S  A  K
Y  A  E  R  X  M  D  Ł  H  B  P  T  V  Z
E  Z  B  F  A  J  H  Z  F  V  O  Y  D  M
N  J  Z  E  S  P  Ó  Ł  I  C  I  K  U  Z
R  U  C  H  F  C  U  A  D  A  J  A  R  J
R  M  K  K  S  T  A  D  I  O  N  R  N  Z
```

ATLETA	GIMNASTYKA
SĘDZIA	GIMNAZJUM
KOSZYKÓWKA	GOLF
BASEBALL	HOKEJ
ROWER	GRA
MISTRZOSTWO	GRACZ
TRENER	RUCH
ZESPÓŁ	PŁYWAĆ
STADION	TENIS
ZWYCIĘZCA	

58 - Actividades

```
D F O T O G R A F I A S R C
B Z A G A D K I Q K N Z E M
U M I E J Ę T N O Ś Ć T L G
W P Z A N G B Z A G O U A I
S R T E Ł K R M Z L W K K W
J Z H Z A D Y F B Z A S Ę
P Y Y O P O L O W A N I E D
K J U C D T A N I E C Ł K K
K E M P I N G R O M A G I A
Z M G J Ł E V E F Ś V T Q R
B N C E R A M I K A Ć N F S
M O G R O D N I C T W O W T
V Ś R Z E M I O S Ł A K I W
Z Ć C Z Y T A N I E R L K O
```

DZIAŁALNOŚĆ	UMIEJĘTNOŚĆ
SZTUKA	OGRODNICTWO
RZEMIOSŁA	GRY
TANIEC	CZYTANIE
KEMPING	MAGIA
POLOWANIE	WĘDKARSTWO
CERAMIKA	PRZYJEMNOŚĆ
SZYCIE	RELAKS
FOTOGRAFIA	ZAGADKI

59 - Verduras

```
Z  I  E  M  N  I  A  K  R  X  B  R  D  K
N  E  L  M  O  N  E  B  Z  G  R  Z  Y  B
O  G  Ó  R  E  K  F  A  E  R  O  O  N  P
P  S  A  Ł  A  T  K  A  P  O  K  D  I  I
C  O  Z  S  Y  Ł  U  R  A  C  U  K  A  E
Z  A  M  P  E  B  I  U  G  H  Ł  I  O  T
O  O  A  I  I  L  O  E  T  C  Y  E  C  R
S  L  C  E  D  N  E  F  S  Z  H  W  W  U
N  I  E  P  B  O  A  R  M  J  Q  K  E  S
E  W  B  W  N  F  R  K  E  Z  I  A  I  Z
K  A  U  K  A  R  C  Z  O  C  H  Ł  M  K
H  H  L  M  A  R  C  H  E  W  K  A  B  A
I  B  A  K  Ł  A  Ż  A  N  Ł  B  M  I  W
W  W  Ł  V  V  T  Q  U  Q  C  Ł  U  R  K
```

CZOSNEK   IMBIR
KARCZOCH   RZEPA
SELER   OLIWA
BAKŁAŻAN   ZIEMNIAK
BROKUŁY   OGÓREK
DYNIA   PIETRUSZKA
CEBULA   RZODKIEWKA
SAŁATKA   GRZYB
SZPINAK   POMIDOR
GROCH   MARCHEWKA

60 - Instrumentos Musicales

```
S A K S O F O N A W A M D S
M K K T J L A G I T A R A S
M A L X W E K G P C X P P A
W F N A N T Z X O J M Ł I P
J M F D R V B W R T B M A E
U F V G O N G H A R F A N R
S X U Ł Z L E N T Ą J R I K
K U W F F S I T X B M I N U
F Q S L C W P N P K L M O S
B A N J O Z T Y A A O B Ó J
K B Ę B E N I S W W V A F A
T A M B U R Y N P U Z O N L
S K R Z Y P C E Q W Ł F K V
H A R M O N I J K A Z M N S
```

HARMONIJKA	OBÓJ
HARFA	TAMBURYN
BANJO	PERKUSJA
KLARNET	PIANINO
FAGOT	SAKSOFON
FLET	BĘBEN
GONG	PUZON
GITARA	TRĄBKA
MANDOLINA	SKRZYPCE
MARIMBA	

61 - Escalada

```
S  I  Ł  A  J  M  O  C  A  G  A  X  T  P
B  U  T  Y  C  P  A  A  J  K  I  Y  C  R
Ł  E  F  M  W  C  U  P  G  W  A  T  I  Z
V  L  M  G  Ą  B  H  Y  A  Ę  S  S  E  E
A  T  M  O  S  F  E  R  A  D  Z  T  K  W
P  E  C  J  K  I  K  Ę  W  R  K  A  A  O
J  R  N  A  A  Z  S  K  Y  Ó  O  B  W  D
B  E  T  S  U  Y  P  A  S  W  L  I  O  N
D  N  B  K  Ł  C  E  W  O  K  E  L  Ś  I
H  H  I  I  D  Z  R  I  K  I  N  N  Ć  K
A  L  X  N  X  N  T  C  O  F  I  O  K  I
M  O  F  I  X  Y  L  Z  Ś  T  E  Ś  N  K
K  U  V  A  P  A  X  K  Ć  I  X  Ć  N  T
M  I  M  K  A  L  B  I  X  E  S  F  D  P
```

WYSOKOŚĆ	FIZYCZNY
ATMOSFERA	SZKOLENIE
BUTY	SIŁA
KASK	RĘKAWICZKI
JASKINIA	PRZEWODNIKI
CIEKAWOŚĆ	MAPA
STABILNOŚĆ	WĘDRÓWKI
WĄSKA	TEREN
EKSPERT	

62 - Mascotas

```
P  O  M  A  O  D  W  Ż  L  C  H  H  K  W
F  G  Ż  V  L  M  O  Ó  P  A  Z  U  R  Y
D  O  Y  Q  O  E  G  Ł  A  P  Y  P  S  Z
S  N  W  T  O  Ł  F  W  Q  L  X  Z  M  L
Z  W  N  P  A  T  U  Ł  H  B  V  B  Y  B
C  K  O  Ł  N  I  E  R  Z  K  K  C  C  C
Z  O  Ś  D  Y  T  N  Y  E  C  O  O  Z  J
E  Z  Ć  G  A  M  W  B  Ł  X  X  T  T  Z
N  A  P  Y  U  C  E  A  T  S  P  I  E  S
I  J  A  S  Z  C  Z  U  R  K  A  F  N  K
A  G  P  C  H  O  M  I  K  R  Ó  L  I  K
K  P  U  F  T  T  Y  I  L  O  L  K  W  U
Q  S  G  X  Y  X  S  C  M  W  K  C  W  R
O  Ł  A  W  Y  C  Z  Z  L  A  T  I  A  W
```

WODA	KOT
KOZA	CHOMIK
SZCZENIAK	JASZCZURKA
OGON	PAPUGA
KOŁNIERZ	ŁAPY
ŻYWNOŚĆ	PIES
KRÓLIK	RYBA
SMYCZ	MYSZ
PAZURY	ŻÓŁW
KOTEK	KROWA

63 - Formas

```
N K T S N C S K Z Ł Q S V D
Z P V B P P Z W F B H A A P
K O Ł O B R E A R N F I Q Q
R P M K K Y Ś D K M U Y X F
Z E R K P Z C R O U D Q T A
Y M L O Ł M I A I Ł L K B T
W O G I S A A T L Ł D A P R
A W S H P T N A R O Ż N I K
T A T Z K S O M P Ł O L R R
O L O T O E A K C A I I A M
P U Ż T R Ó J K Ą T Ł N M L
W I E L O K Ą T R T U I I K
K M K A Y U Ł O Q I K A D L
K R A W Ę D Z I E B A A A N
```

ŁUK	NAROŻNIK
KRAWĘDZIE	BOK
KOŁO	LINIA
STOŻEK	OWAL
KWADRAT	PIRAMIDA
SZEŚCIAN	WIELOKĄT
KRZYWA	PRYZMAT
ELIPSA	PROSTOKĄT
KULA	TRÓJKĄT

64 - Flores

```
S  Ł  O  N  E  C  Z  N  I  K  T  R  V  X
T  Ł  Ż  O  N  K  I  L  A  L  F  H  Y  K
O  T  U  L  I  P  A  N  B  U  K  I  E  T
K  O  N  I  C  Z  Y  N  A  G  N  B  L  V
R  P  I  W  O  N  I  A  M  N  R  I  A  E
O  L  I  L  I  A  N  S  E  A  F  S  W  C
T  U  O  R  C  H  I  D  E  A  K  K  E  L
K  M  P  Ł  A  T  E  K  J  I  E  U  N  K
A  E  A  V  D  M  Y  U  B  A  E  S  D  L
J  R  Ó  Ż  A  A  S  P  R  D  Ś  Y  A  F
L  I  L  I  O  W  Y  O  Ł  O  V  M  W  L
G  A  R  D  E  N  I  A  I  Q  O  R  I  O
P  A  S  S  I  O  N  F  L  O  W  E  R  N
M  A  G  N  O  L  I  A  O  Ł  M  G  T  T
```

MAK	ŻONKIL
GARDENIA	ORCHIDEA
SŁONECZNIK	PASSIONFLOWER
HIBISKUS	PIWONIA
JAŚMIN	PŁATEK
LAWENDA	PLUMERIA
LILIOWY	BUKIET
LILIA	RÓŻA
MAGNOLIA	KONICZYNA
STOKROTKA	TULIPAN

65 - Astronomía

```
O B S E R W A T O R I U M Z
A S T E R O I D A A A G K A
Z I E M I A U P A K S A S Ć
S U P E R N O W A I T L I M
A I O T Ł R L U T E R A Ę I
T G C H Ł V Ó G X T O K Ż E
E A A N O T M W R A N T Y N
L D G I H L E P N N O Y C I
I T L E S Ł T L L O M K H E
T D U B Y A E R E A N A F Y
A R K O S M O S H S N O T K
O G I U K Z R S T F K E C X
A S T R O N A U T A Z O T E
K O N S T E L A C J A R P A
```

ASTEROIDA
ASTRONAUTA
ASTRONOM
NIEBO
RAKIETA
KONSTELACJA
KOSMOS
ZAĆMIENIE
RÓWNONOC

GALAKTYKA
KSIĘŻYC
METEOR
OBSERWATORIUM
PLANETA
SATELITA
SUPERNOWA
TELESKOP
ZIEMIA

66 - Tiempo

```
I  O  B  H  R  P  I  Z  S  R  H  P  L  P
B  M  T  M  O  Ł  O  K  F  E  O  W  E  O
M  D  F  D  C  P  W  E  B  Ł  H  K  B  Ł
I  O  J  S  Z  M  T  Y  D  Z  I  E  Ń  U
E  Q  M  T  N  I  Ł  E  W  M  Z  K  Q  D
S  S  A  E  E  N  S  W  Z  V  E  U  K  N
I  J  D  O  N  U  U  I  L  B  G  M  P  I
Ą  U  O  J  M  T  E  R  A  Z  A  N  R  E
C  H  D  E  K  A  D  A  B  J  R  O  Z  E
K  A  L  E  N  D  A  R  Z  P  D  C  E  Y
S  T  U  L  E  C  I  E  E  A  C  V  D  R
P  R  Z  Y  S  Z  Ł  O  Ś  Ć  L  F  T  A
G  O  D  Z  I  N  A  Q  D  Z  I  E  Ń  N
C  G  I  W  C  Z  O  R  A  J  L  M  U  O
```

TERAZ	DZISIAJ
PRZED	RANO
ROCZNE	POŁUDNIE
ROK	MIESIĄC
WCZORAJ	MINUTA
KALENDARZ	MOMENT
DEKADA	NOC
DZIEŃ	ZEGAR
PRZYSZŁOŚĆ	TYDZIEŃ
GODZINA	STULECIE

67 - Paisajes

```
V  W  H  J  G  Ó  R  A  L  O  D  O  W  A
Y  U  T  K  J  O  Z  P  O  W  J  B  N  T
S  L  K  O  K  V  E  L  D  O  A  R  Ł  E
D  K  R  J  O  O  K  A  O  D  S  A  P  C
O  A  Z  A  E  L  A  Ż  W  O  K  W  Ó  L
I  N  Y  T  D  Z  O  A  I  S  I  Y  Ł  K
P  U  S  T  Y  N  I  A  E  P  N  S  W  L
U  J  Q  Z  G  V  Ł  O  C  A  I  P  Y  A
N  R  P  G  A  Ó  H  S  R  D  A  A  S  G
L  N  S  C  C  T  R  Ł  M  O  R  Z  E  U
G  E  J  Z  E  R  O  A  B  R  D  J  P  N
D  O  L  I  N  A  T  K  T  U  N  D  R  A
B  C  U  L  P  I  H  B  A  G  N  O  S  I
L  K  O  R  P  P  V  E  X  F  S  Z  G  Y
```

WODOSPAD	MORZE
JASKINIA	GÓRA
PUSTYNIA	OAZA
GEJZER	BAGNO
LODOWIEC	PÓŁWYSEP
ZATOKA	PLAŻA
GÓRA LODOWA	RZEKA
WYSPA	TUNDRA
JEZIORO	DOLINA
LAGUNA	WULKAN

68 - Días y Meses

```
L O P N G C L W G F C T F N
G O H N K Z U T Y D Z I E Ń
Ś R O D A W T O K W E O N P
S O B O T A Y R W R R Q I O
V Ł V Ł V R O E I Z W N E N
E S K S A T O K E E I L D I
S T Y C Z E Ń K C S E I Z E
E I N R T K C D I I C S I D
N D E M I E C S E E L T E Z
P E U R H R J H Ń Ń R O L I
W F L I P I E C Z M L P A A
P A Ź D Z I E R N I K A D Ł
P I Ą T E K E L J J A D O E
M I E S I Ą C Ń C G V Q W K
```

KWIECIEŃ
SIERPIEŃ
ROK
NIEDZIELA
STYCZEŃ
LUTY
CZWARTEK
LIPIEC
CZERWIEC
PONIEDZIAŁEK

WTOREK
MIESIĄC
ŚRODA
LISTOPAD
PAŹDZIERNIK
SOBOTA
TYDZIEŃ
WRZESIEŃ
PIĄTEK

69 - Chocolate

```
U V A N T Y O K S Y D A N T
C L W N B I G A Ł K O K O S
U A U X U Q Ł R O A A D Ł M
K F M B L P H M D L S K N A
I F K O I Y Q E K O K E A K
E R H G S O J L I R Ł G A O
R R M E T A N P E I A Z R E
P R O S Z E K Y G E D O O A
J A K O Ś Ć J S K H N T M P
G O R Z K I Ł Z Q V I Y A R
J I U O R V D N E N K C T W
O E B V K Ł O Y V S Z Z L C
H P Ś P R Z E P I S D N G X
Z R C Ć P M Ł E Y M G Y Z Ł
```

GORZKI	JEŚĆ
ANTYOKSYDANT	PYSZNY
AROMAT	SŁODKIE
CUKIER	EGZOTYCZNY
KAKAO	ULUBIONY
JAKOŚĆ	SMAK
KALORIE	SKŁADNIK
KARMEL	PROSZEK
KOKOS	PRZEPIS

70 - Barbacoas

```
G  K  A  J  I  J  T  V  T  N  R  E  O  B
O  S  U  G  T  Ł  Z  S  I  T  I  N  W  C
R  A  P  R  Z  Y  J  A  C  I  E  L  E  R
Ą  Ł  U  Y  C  Ł  G  U  B  R  S  H  P  X
C  A  B  U  E  Z  G  E  Ł  N  O  W  O  C
Y  T  H  A  B  R  A  T  Ł  O  B  P  M  W
S  K  O  M  U  Z  Y  K  A  Ż  I  I  I  A
T  I  R  B  L  Ł  L  S  J  E  A  E  D  R
L  A  T  O  E  N  U  U  R  T  D  P  O  Z
E  E  B  Ł  S  Ó  L  L  J  Y  Z  R  R  Y
G  R  I  L  L  O  X  R  E  V  I  Z  Y  W
Ł  F  B  Y  P  K  S  G  S  T  E  G  X  A
Ó  R  O  D  Z  I  N  A  N  A  C  W  U  T
D  R  V  Y  R  Ł  V  N  F  D  I  F  I  V
```

PRZYJACIELE	MUZYKA
GORĄCY	DZIECI
CEBULE	GRILL
OBIAD	PIEPRZ
NOŻE	KURCZAK
SAŁATKI	SÓL
RODZINA	SOS
OWOC	POMIDORY
GŁÓD	LATO
GRY	WARZYWA

71 - Ropa

```
K Z F E K J K N M C S K M X
A O S U K I E N K A W U O I
P A S Y R S U N B S E R D I
E S N Z O Ę P N U P T T A S
L Z X F U B K Ó T O E K E A
U A K Y I L B A D D R A Z N
S L B N X U A J W N N I J D
Z I C Ł Ł Z D Z Y I I U E A
V K P I Ż A M A L E C C U Ł
B I Ż U T E R I A S R Z A Y
O B R A N S O L E T K A K H
N A S Z Y J N I K E K P T I
P Ł A S Z C Z F A R T U C H
S N B U A O S H S V G T B D
```

PŁASZCZ	BIŻUTERIA
BLUZA	MODA
SZALIK	SPODNIE
KOSZULA	PIŻAMA
KURTKA	BRANSOLETKA
PAS	SANDAŁY
NASZYJNIK	KAPELUSZ
FARTUCH	SWETER
SPÓDNICA	SUKIENKA
RĘKAWICZKI	BUT

72 - Meditación

```
P  R  Z  E  J  R  Z  Y  S  T  O  Ś  Ć  R
P  B  O  D  D  E  C  H  O  W  Y  Ż  P  U
P  O  S  T  A  W  A  C  W  Z  E  Y  R  C
S  E  K  L  U  L  U  V  M  D  M  C  Z  H
Y  M  R  Ó  F  D  K  V  F  L  C  Z  Y  Z
C  U  Y  S  J  C  I  S  Z  A  B  L  J  B
H  Z  I  Ś  P  S  P  O  K  Ó  J  I  Ę  W
I  Y  L  O  L  E  M  O  C  J  E  W  C  P
C  K  R  U  H  I  K  L  P  Q  S  O  I  L
Z  A  U  L  T  Ł  U  T  P  V  E  Ś  E  F
N  A  T  U  R  A  U  M  Y  S  Ł  Ć  K  J
Y  Q  I  O  J  H  M  W  U  W  A  G  A  I
O  B  S  E  R  W  A  C  J  A  A  V  U  R
W  D  Z  I  Ę  C  Z  N  O  Ś  Ć  M  Ł  X
```

PRZYJĘCIE
UWAGA
ŻYCZLIWOŚĆ
SPOKÓJ
PRZEJRZYSTOŚĆ
EMOCJE
WDZIĘCZNOŚĆ
PSYCHICZNY
UMYSŁ
RUCH

MUZYKA
NATURA
OBSERWACJA
POKÓJ
MYŚLI
PERSPEKTYWA
POSTAWA
ODDECHOWY
CISZA

73 - Comedia

```
Z A Y A D F B O E T A L P O
L A K T O R K A I E U O U E
S W B B Q Ł N E F A O Z B L
Ł Y G A T U N E K T L T L Ł
P R D O W C I P Y R N N I S
Z A G W X N I F Y A G S C B
A Z R K Y Q Y X L O K U Z M
B I X O K L A S K I L T N S
A S W Ł D F R U F F A X O P
W T T Ś M I E C H S U I Ś R
A Y U V V Z A T T A N K Ć Y
T E L E W I Z J A N Ó B D T
G S C Z A M A D Q P W L L N
S I U X J I O J H U M O R Y
```

AKTOR
AKTORKA
OKLASKI
PUBLICZNOŚĆ
DOWCIPY
ZABAWA
WYRAZISTY
GATUNEK

ZABAWNY
HUMOR
SPRYTNY
PARODIA
KLAUNÓW
ŚMIECH
TEATR
TELEWIZJA

74 - Libros

```
S K H P R Z Y G O D A K R P
E D O I S T O T N E L D C O
R U O L S Q S T R O N A Z W
I A Ł H E T P O E Z J A Y I
A L W C N K O N T E K S T E
I I C I Q I C R I M Y G E Ś
L Z Z S I Z H J Y K A Z L Ć
X M A X F T V I A C C G N N
N A R R A T O R S X Z I I U
T R A G I C Z N Y T O N K G
P I S E M N Y N I C O L Y V
A U T O R F P W W I E R S Z
O L A A L I T E R A C K I L
H U M O R Y S T Y C Z N Y A
```

AUTOR
PRZYGODA
KOLEKCJA
KONTEKST
DUALIZM
PISEMNY
HISTORIA
HISTORYCZNY
HUMORYSTYCZNY
CZYTELNIK

LITERACKI
NARRATOR
POWIEŚĆ
STRONA
ISTOTNE
WIERSZ
POEZJA
SERIA
TRAGICZNY

75 - Nutrición

```
Z  Z  B  O  Ż  A  O  W  J  O  O  Z  Z  W
A  S  U  Ł  I  Z  P  W  A  G  A  R  D  I
G  O  R  Z  K  I  V  E  Z  S  Y  Ó  R  T
G  S  B  R  X  W  S  I  T  W  F  W  O  A
T  O  K  S  Y  N  A  G  S  Y  Z  N  W  M
N  E  C  C  A  V  H  V  M  T  T  O  I  I
W  Ę  G  L  O  W  O  D  A  N  Y  W  E  N
J  A  D  A  L  N  Y  R  K  Y  M  A  G  A
A  D  M  B  Q  C  D  U  C  L  W  Ż  D  R
K  W  L  I  K  E  S  X  Z  D  R  O  W  Y
O  T  R  A  W  I  E  N  I  E  W  N  F  P
Ś  N  Z  Ł  U  O  Y  X  Z  Ł  I  Y  V  Ł
Ć  U  E  K  A  L  O  R  I  E  I  Q  N  Y
S  T  N  A  W  Y  K  I  D  I  E  T  A  Z
```

GORZKI
APETYT
JAKOŚĆ
KALORIE
WĘGLOWODANY
ZBOŻA
JADALNY
DIETA
TRAWIENIE
ZRÓWNOWAŻONY

NAWYKI
WAGA
BIAŁKA
SMAK
SOS
ZDROWIE
ZDROWY
TOKSYNA
WITAMINA

76 - Bondad

```
W  S  P  Ó  Ł  C  Z  U  J  Ą  C  Y  C  H
S  Z  C  Z  Ę  Ś  L  I  W  Y  E  K  Y  F
Ł  G  O  Ś  C  I  N  N  Y  H  P  W  L  X
U  A  K  O  C  H  A  J  Ą  C  Y  V  I  I
C  W  G  Z  R  O  Z  U  M  I  E  N  I  E
Z  Z  D  O  N  I  P  A  C  J  E  N  T  Y
C  Z  U  A  D  P  R  A  W  D  Z  I  W  Y
I  N  Ł  Ł  E  N  Z  Z  D  L  Q  N  K  C
W  D  V  D  Y  Q  Y  H  C  W  R  F  A  H
Y  Y  H  C  W  I  J  B  L  P  K  E  N  Ł
E  T  O  L  E  R  A  N  C  Y  J  N  Y  O
A  P  J  N  I  E  Z  A  W  O  D  N  Y  N
W  L  N  N  T  V  N  U  W  A  Ż  N  Y  N
N  Y  Y  W  Q  L  Y  P  O  M  O  C  N  Y
```

CZUŁY	PRAWDZIWY
PRZYJAZNY	UCZCIWY
KOCHAJĄCY	GOŚCINNY
UWAŻNY	PACJENT
WSPÓŁCZUJĄCY	CHŁONNY
ZROZUMIENIE	ŁAGODNY
SZCZĘŚLIWY	TOLERANCYJNY
NIEZAWODNY	POMOCNY
HOJNY	

77 - Edificios

```
S H A P A R T A M E N T T O
U O G Z M S Z P I T A L M B
P S L I U T G A R A Ż R U S
E T M M Z O E L S C U J N E
R E M Ł E D F A B R Y K A R
M L K L U O N R T N A A A W
A N I I M Ł V V K R B B M A
R H P N N A A X E D F I B T
K O M Z T O B X F K C N A O
E T M Y A S Z K O Ł A A S R
T E U Ł L M B H U A K Ł A I
V L M E W I E Ż A H O N D U
A L Z X A Z T K Ł U Z J A M
S T A D I O N H G N M N B B
```

HOSTEL	GARAŻ
APARTAMENT	STODOŁA
KABINA	SZPITAL
ZAMEK	HOTEL
KINO	MUZEUM
AMBASADA	OBSERWATORIUM
SZKOŁA	SUPERMARKET
STADION	TEATR
FABRYKA	WIEŻA

78 - Océano

```
X  H  S  E  K  P  R  S  A  C  K  Ł  M  A
W  Ę  G  O  R  Z  Ż  Ó  Ł  W  R  A  F  A
P  N  M  C  S  G  Ą  B  K  A  A  U  Q  I
K  R  E  W  E  T  K  A  D  N  B  C  F  X
O  W  I  E  L  O  R  Y  B  R  V  G  V  M
R  E  K  I  N  L  Y  Y  D  E  L  F  I  N
A  W  K  Y  J  Ł  B  T  G  L  O  N  Y  D
L  M  E  D  U  Z  A  X  U  A  K  O  M  V
H  B  C  Z  B  N  V  I  D  Ń  J  P  C  Z
T  B  K  U  P  U  H  P  I  Ł  C  S  P  U
O  C  I  G  R  I  R  M  S  Ó  L  Z  Ł  R
G  T  B  D  G  U  E  Z  Q  D  O  D  Y  E
X  C  H  Ł  O  Z  Ł  F  A  Ź  N  R  W  K
C  J  O  Ś  M  I  O  R  N  I  C  A  Y  K
```

GLONY	GĄBKA
WĘGORZ	PŁYWY
RAFA	MEDUZA
TUŃCZYK	OSTRYGA
WIELORYB	RYBA
ŁÓDŹ	OŚMIORNICA
KREWETKA	SÓL
KRAB	REKIN
KORAL	BURZA
DELFIN	ŻÓŁW

79 - Ciudad

```
K G E U Z F B N N I Z M G P
G I X D A F I S U V M B O I
T Z N N G N B Q K C U J S E
E O Q O Y S L H S L Z S T K
A O K D G Z I K I O E U A A
T A Q H G K O T Ę T U P D R
R W P O A O T R G N M E I N
C D V T L Ł E Y A I Ł R O I
W C B E E A K N R S N M N A
J L D L R K A E N K B A N K
K L I N I K A K I O W R Q Ł
H H P X A J D A A J R K X K
K W I A C I A R Z R K E B E
U N I W E R S Y T E T T D A
```

LOTNISKO	HOTEL
BANK	KSIĘGARNIA
BIBLIOTEKA	RYNEK
KINO	MUZEUM
KLINIKA	PIEKARNIA
SZKOŁA	SUPERMARKET
STADION	TEATR
APTEKA	SKLEP
KWIACIARZ	UNIWERSYTET
GALERIA	ZOO

80 - Conservación

```
S O Ś Z N V G Ł K Z Z E R Z
I E R P M U G Y E M I D E R
T K O G E N G Q X I E U C Ó
W O D A A S I V S A L K Y W
M S O E Ł N T E H N O A K N
J Y W C W A I Y J Y N C L O
Y S I G T T T C C S Y J I W
B T S L S U L Y Z Y Z A N A
A E K Ł Ł R B K Q N D Y G Ż
W M O F J A L L M Z Y F Ć O
B G V B K L I M A T C C Ł N
Q Ł B S B N Z D R O W I E Y
U K U B B Y G Z N A A C K U
S I E D L I S K O L I Q R C
```

WODA
ŚRODOWISKO
ZMIANY
CYKL
KLIMAT
EKOSYSTEM
EDUKACJA
SIEDLISKO

NATURALNY
ORGANICZNY
PESTYCYD
RECYKLING
ZMNIEJSZYĆ
ZDROWIE
ZRÓWNOWAŻONY
ZIELONY

81 - Campeonato

```
T  S  P  O  R  T  Y  A  P  O  X  X  B  F
M  R  Y  M  U  G  O  D  D  Y  C  H  A  Ć
I  W  E  F  F  I  D  S  Q  Q  F  H  J  R
S  Y  F  N  G  Ł  F  Ł  N  P  I  M  G  P
T  T  P  Ł  E  H  Ł  T  U  R  N  I  E  J
R  R  R  Y  O  R  M  M  E  D  A  L  B  O
Z  Z  E  S  P  Ó  Ł  O  W  Q  L  I  G  A
P  Y  P  S  T  R  A  T  E  G  I  A  S  G
Y  M  Ł  O  W  N  J  Y  S  P  S  O  Ę  V
Q  A  O  X  T  A  A  W  U  G  T  P  D  O
Q  Ł  E  D  W  Z  Q  A  G  J  A  T  Z  R
I  O  S  J  X  D  Y  C  G  A  D  T  I  Ł
R  Ś  Q  V  A  Ł  J  J  Q  R  S  S  A  Ł
T  Ć  N  J  M  D  Z  A  P  D  Y  I  B  H
```

MISTRZ
SPORTY
TRENER
ZESPÓŁ
STRATEGIA
FINALISTA
GRY
SĘDZIA

LIGA
MEDAL
MOTYWACJA
WYTRZYMAŁOŚĆ
ODDYCHAĆ
TURNIEJ
POT

82 - Actividades y Ocio

```
O  G  R  O  D  N  I  C  T  W  O  B  S  T
W  Ę  D  K  A  R  S  T  W  O  X  A  Z  Z
O  D  P  R  Ę  Ż  A  J  Ą  C  Y  S  T  W
H  I  A  K  E  M  P  I  N  G  G  E  U  Ę
K  P  I  Ł  K  A  N  O  Ż  N  A  B  K  D
W  O  F  C  A  M  V  I  D  L  O  A  A  R
M  V  S  B  O  K  S  P  G  R  Ł  I  S  Ó
T  B  X  Z  E  J  S  J  O  D  Ó  L  U  W
Y  E  L  E  Y  R  D  X  L  R  Z  Ż  R  K
O  Ł  N  S  I  K  B  G  F  P  T  T  F  I
Q  T  E  I  V  W  Ó  D  E  V  D  C  I  R
Y  T  L  L  S  N  A  W  U  P  G  V  N  A
P  P  Z  A  K  U  P  Y  K  D  Q  I  G  H
P  Ł  Y  W  A  N  I  E  J  A  Y  Y  K  K
```

SZTUKA	OGRODNICTWO
KOSZYKÓWKA	PŁYWANIE
BASEBALL	WĘDKARSTWO
BOKS	ODPRĘŻAJĄCY
KEMPING	WĘDRÓWKI
ZAKUPY	SURFING
PIŁKA NOŻNA	TENIS
GOLF	PODRÓŻ

83 - Comida #1

```
Z  P  B  M  M  M  L  E  K  O  S  V  I  T
Z  U  P  A  I  I  O  M  P  J  Z  Ó  G  R
D  Ł  V  M  C  A  Ę  K  H  Ę  P  T  L  U
E  D  E  I  U  D  T  S  H  C  I  U  G  S
C  J  Q  Ę  K  O  K  C  O  Z  N  Ń  R  K
S  Z  N  T  I  Ł  V  G  Ł  M  A  C  U  A
O  O  O  A  E  E  R  Ł  Ł  I  K  Z  S  W
K  O  T  S  R  R  Z  S  M  E  C  Y  Z  K
M  O  C  Y  N  A  M  O  N  Ń  Y  K  K  A
R  Z  E  P  A  E  M  C  C  K  T  X  A  Y
R  S  A  Ł  A  T  K  A  G  B  R  P  T  J
C  E  B  U  L  A  G  B  H  S  Y  Z  N  P
B  A  Z  Y  L  I  A  V  J  J  N  W  T  A
M  A  R  C  H  E  W  K  A  W  A  Z  P  H
```

CZOSNEK	TRUSKAWKA
BAZYLIA	SOK
TUŃCZYK	MLEKO
CUKIER	CYTRYNA
CYNAMON	MIĘTA
MIĘSO	RZEPA
JĘCZMIEŃ	GRUSZKA
CEBULA	SÓL
SAŁATKA	ZUPA
SZPINAK	MARCHEWKA

84 - Virtudes #1

```
A R T Y S T Y C Z N Y L O H
I D I U R O C Z Y Z S W B Q
P O M O C N Y C I E K A W Y
P I N T E L I G E N T N Y P
Z R I H Ł Z M H F I U A D A
D A A V A O Ą O E E J M A C
K O B K T W D J F Z S I J J
C H B A T Ł R N R A K Ę N E
Z P G R W Y Y Y O W R T Y N
Y Ł C S Y N C O W O O N U T
S M W Ł X O Y Z H D M Y F E
T F A O A O B S N N N J Z K
Y V Ł G L K J Z L Y Y O W Q
D E C Y D U J Ą C Y K T U L
```

NAMIĘTNY	ZABAWNY
ARTYSTYCZNY	INTELIGENTNY
DOBRY	CZYSTY
CIEKAWY	SKROMNY
DECYDUJĄCY	PACJENT
WYDAJNY	PRAKTYCZNY
UROCZY	MĄDRY
NIEZAWODNY	POMOCNY
HOJNY	

85 - Literatura

```
D  Ł  J  I  O  I  P  L  Y  F  B  W  B  C
K  F  S  C  D  Y  O  X  J  I  O  P  I  S
N  N  S  Ł  W  X  W  M  C  K  U  O  O  E
D  I  A  L  O  G  I  E  J  C  J  R  G  P
T  R  S  P  J  R  E  T  Y  J  R  Ó  R  O
Y  E  D  U  O  A  Ś  A  A  A  Y  W  A  E
W  H  M  Y  C  N  Ć  F  N  X  M  N  F  T
I  H  E  A  S  E  I  O  A  A  P  A  I  Y
E  N  U  U  T  G  E  R  L  W  L  N  A  C
R  D  B  T  Y  D  C  A  O  P  D  I  N  K
S  Y  Ł  O  L  O  H  E  G  F  H  E  Z  I
Z  J  T  R  A  T  W  N  I  O  S  E  K  A
X  Q  V  M  N  A  R  R  A  T  O  R  Z  H
T  R  A  G  E  D  I  A  E  W  L  S  G  S
```

ANALOGIA	FIKCJA
ANALIZA	METAFORA
ANEGDOTA	NARRATOR
AUTOR	POWIEŚĆ
BIOGRAFIA	WIERSZ
PORÓWNANIE	POETYCKI
WNIOSEK	RYM
OPIS	RYTM
DIALOG	TEMAT
STYL	TRAGEDIA

86 - Clima

```
H U R A G A N L N I Q T C V
T P H H R J V B Ó N Z S X Ł
R T O R N A D O R D L C Ł M
O P M W G R Z M O T P C X G
P I H J Ó U M O N S U N A Ł
I B L Ł L D L I I B U R Z A
K S U C H Y Ź C E Y D S J W
A K E Z N Ł A H B A B A Z M
L L Y D H A T M O S F E R A
N I T F F B G U I R Q V Q B
Y M T E M P E R A T U R A R
U A U O C W I A T R I J E Y
J T P I O R U N C C E F F Z
P O L A R N Y M Ł N E H E A
```

ATMOSFERA	POLARNY
BRYZA	PIORUN
NIEBO	SUCHY
KLIMAT	SUSZA
LÓD	TEMPERATURA
HURAGAN	BURZA
POWÓDŹ	TORNADO
MONSUN	TROPIKALNY
MGŁA	GRZMOT
CHMURA	WIATR

87 - Comida #2

```
B  A  N  A  N  Q  U  B  V  R  A  X  E  J
A  D  U  R  K  P  J  A  J  K  O  D  E  T
L  O  G  N  Z  K  D  K  X  I  F  V  K  R
W  W  I  R  D  N  I  Ł  V  W  I  C  P  Z
I  J  A  B  Ł  K  O  A  S  I  K  M  O  S
N  M  Q  R  Y  Ż  J  Ż  E  E  U  I  M  Ł
O  N  B  C  K  Z  Z  A  L  T  R  G  I  O
G  J  Y  I  S  S  W  N  E  G  C  D  D  N
R  I  N  G  R  J  G  I  R  X  Z  A  O  E
O  C  H  L  E  B  S  K  Ś  V  A  Ł  R  C
N  K  A  R  C  Z  O  C  H  N  K  D  K  Z
O  C  Z  E  K  O  L  A  D  A  I  G  X  N
N  P  S  Z  E  N  I  C  A  C  Z  A  E  I
Z  N  A  A  E  J  O  G  U  R  T  T  D  K
```

KARCZOCH	KIWI
MIGDAŁ	JABŁKO
SELER	CHLEB
RYŻ	BANAN
BAKŁAŻAN	KURCZAK
WIŚNIA	SER
CZEKOLADA	POMIDOR
SŁONECZNIK	PSZENICA
JAJKO	WINOGRONO
IMBIR	JOGURT

88 - Castillos

```
Ł Z Y K A T A P U L T A E R
Q E L S Z L A C H E T N Y P
B M M K S I Ę Ż N I C Z K A
I M P E R I U M R Y C E R Z
U X T A R C Z A H T G R H Ł
M Z W I E Ż A D L P J A C Ł
K S I Ą Ż Ę H Y V S Ł K F W
Z F E U D A L N Y M I E C Z
B K R A C U Ł A K O R O N A
R O D E O U Z S P K O Ń D R
O B Z O I X K T I A O A E A
J F A O G P M I L P Ł G R Z
A S A W Ś C I A N A Y A I B
E R K R Ó L E S T W O F C I
```

ZBROJA
RYCERZ
KOŃ
KATAPULTA
KORONA
DYNASTIA
SMOK
TARCZA
MIECZ
FEUDALNY

TWIERDZA
IMPERIUM
SZLACHETNY
PAŁAC
ŚCIANA
KSIĘŻNICZKA
KSIĄŻĘ
KRÓLESTWO
WIEŻA

89 - Arte

```
W  I  Z  U  A  L  N  Y  S  V  M  M  H  W
D  N  U  C  Z  C  I  W  Y  Y  M  H  I  C
O  A  E  P  P  R  O  S  T  Y  M  B  F  K
R  S  C  O  S  O  B  I  S  T  Y  B  E  U
Y  T  T  E  M  A  T  H  Y  U  O  D  O  E
G  R  K  Z  R  Z  E  Ź  B  A  Ł  G  J  L
I  Ó  O  J  P  A  S  T  W  Ó  R  Z  C  I
N  J  M  A  K  O  M  P  O  Z  Y  C  J  A
A  S  P  S  U  B  C  I  W  N  R  V  W  A
Ł  G  L  N  R  R  I  J  C  D  M  M  C  N
Z  E  E  C  J  A  T  H  S  Z  T  L  Q  X
L  C  K  K  L  Z  R  U  F  I  N  S  U  M
A  Y  S  L  C  Y  B  X  C  Ł  Z  Y  C  X
O  Z  A  I  N  S  P  I  R  O  W  A  N  Y
```

CERAMICZNY
KOMPLEKS
KOMPOZYCJA
STWÓRZ
RZEŹBA
UCZCIWY
NASTRÓJ
ZAINSPIROWANY

ORYGINAŁ
OSOBISTY
OBRAZY
POEZJA
PROSTY
SYMBOL
TEMAT
WIZUALNY

90 - Herboristería

```
T B Z Z R O Z M A R Y N S A
F A M A J E R A N E K S R R
S Z A F R A N Q N D M U A O
M Y P I E T R U S Z K A P M
A L J A K O Ś Ć Ł L W V V A
K I K O P E R W Ł O S K I T
W A W O E R O Ś L I N A S Y
J P I X P D A G P R H Y P C
J O A I L E S T R A G O N Z
M E T O C S R N X Ó D E R N
F I O C Z O S N E K D L N Y
E O Ę L A W E N D A U T D B
D L T T K U L I N A R N Y T
H S K Ł A D N I K G A M G K
```

CZOSNEK
BAZYLIA
AROMATYCZNY
SZAFRAN
JAKOŚĆ
KULINARNY
KOPER
ESTRAGON
KWIAT
KOPER WŁOSKI

SKŁADNIK
OGRÓD
LAWENDA
MAJERANEK
MIĘTA
PIETRUSZKA
ROŚLINA
ROZMARYN
SMAK

91 - Verano

```
P L A Ż A P D H R D U U W H
G Ż P O D R Ó Ż A H D O A W
W Y L M H X V T D R S F K Y
U W M U Z Y K A O E R A A P
C N J V M G R Y Ś S P S C O
D O M P Ł Y W A Ć Q W A J C
K Ś F M U V B I M T V N E Z
S Ć R O D Z I N A D W D D Y
I Q E R J Ł O Q Y Z U A P N
Ą A L Z W T P Y W O D Ł Q E
Ż N A E Q F I L T M V Y M K
K T K N U R K O W A N I E F
I L S P R Z Y J A C I E L E
S V S S Ł O G R Ó D B G Y V
```

RADOŚĆ
PRZYJACIELE
NURKOWANIE
ŻYWNOŚĆ
GWIAZDY
RODZINA
DOM
OGRÓD
GRY
KSIĄŻKI

MORZE
MUZYKA
PŁYWAĆ
WYPOCZYNEK
PLAŻA
RELAKS
SANDAŁY
WAKACJE
PODRÓŻ

92 - Insectos

```
W K A M R Ó W K A D N T V Ć
K A E B V V R O B A K L W M
A Y Ż Ł U X I N O M O W Z A
R Y S K E D S I H X M P Z P
A O Z M A A Z K G K A S M C
L S K F C O E P G C R Z O H
U A B I E D R O N K A C T Ł
C Z F P L R S L C Y T Z Y A
H S K V Z Q Z N A Y K O L R
T E R M I T E Y Q R K Ł O W
S S Z A R A Ń C Z A W A Y L
M O D L I S Z K A H D A D O
W T J B M S Z Y C A K E E A
N W T C H R Z Ą S Z C Z U E
```

PSZCZOŁA	LARWA
OSA	WAŻKA
SZERSZEŃ	MODLISZKA
MSZYCA	MOTYL
CYKADA	BIEDRONKA
KARALUCH	KOMAR
CHRZĄSZCZ	ĆMA
ROBAK	PCHŁA
MRÓWKA	KONIK POLNY
SZARAŃCZA	TERMIT

93 - Especias

```
T  U  Z  K  C  Z  O  S  N  E  K  C  T  Z
S  M  S  H  Y  F  B  L  C  E  B  U  L  A
K  M  Z  S  N  Y  Y  M  A  R  K  R  Y  M
A  X  A  P  A  P  R  Y  K  A  M  R  D  I
R  V  F  K  M  N  R  V  J  Ł  I  Y  N  I
D  Ł  R  P  O  B  Y  G  Q  Z  N  Q  L  M
A  Q  A  I  N  X  P  Ż  L  I  E  Y  P  B
M  G  N  E  E  J  W  G  Ł  V  K  C  S  I
O  K  O  P  E  R  W  Ł  O  S  K  I  Ł  R
N  U  R  R  A  B  W  B  C  Ź  H  R  O  E
B  Q  A  Z  W  I  N  O  C  H  D  G  D  C
L  W  A  N  I  L  I  A  G  O  R  Z  K  I
I  S  Ó  L  U  K  R  E  C  J  A  G  I  O
K  W  A  Ś  N  Y  N  T  T  T  W  K  E  K
```

KWAŚNY
CZOSNEK
GORZKI
ANYŻ
SZAFRAN
CYNAMON
KARDAMON
CEBULA
GOŹDZIK
KMINEK

CURRY
SŁODKIE
KOPER WŁOSKI
IMBIR
PAPRYKA
PIEPRZ
LUKRECJA
SMAK
SÓL
WANILIA

94 - Emociones

```
W  N  R  C  A  Q  B  D  R  Ł  V  Z  Ż  S
D  I  A  I  V  P  P  G  N  K  V  A  Y  P
Z  E  D  O  R  O  Z  K  O  S  Z  K  C  O
I  S  O  D  F  K  M  E  S  M  A  Ł  Z  K
Ę  P  Ś  Z  A  Ó  R  P  Q  I  W  O  L  Ó
C  O  Ć  J  C  J  C  Ł  S  Ł  A  P  I  J
Z  D  N  L  Y  X  X  L  I  O  R  O  W  S
N  Z  C  Z  U  Ł  O  Ś  Ć  Ś  T  T  O  M
Y  I  Ł  S  U  E  H  N  H  Ć  O  A  Ś  U
Ł  A  K  S  T  L  G  F  O  Z  Ś  N  Ć  T
E  N  U  D  A  R  G  I  X  L  Ć  Y  Ł  E
G  K  V  E  K  I  A  A  Y  Y  C  X  P  K
L  A  W  S  P  Ó  Ł  C  Z  U  C  I  E  O
R  M  Z  G  N  I  E  W  H  I  X  W  Z  R
```

NUDA
WDZIĘCZNY
RADOŚĆ
ULGA
MIŁOŚĆ
ZAKŁOPOTANY
ROZKOSZ
ŻYCZLIWOŚĆ
ZAWARTOŚĆ

GNIEW
STRACH
POKÓJ
WSPÓŁCZUCIE
NIESPODZIANKA
CZUŁOŚĆ
SPOKÓJ
SMUTEK

95 - Mediciones

```
Ł Q T Q V R G L O F E I M O
D M J D M O H I Ł O T M E H
Z V A W H I I T O N A L T T
Ł Ł O C A L N R N V A Q R S
G D N E K C D U N C J A H Z
J I H E I E Z Ł T U H Z J E
W G L K L N I G U A H I R R
B A J T O T E X F G Q Y L O
T U G X G Y S A U R O A Q K
M A S A R M I J M A K Ś Ł O
D O S X A E Ę V Ł M U J Ć Ś
V D E Ł M T T X F H G J S Ć
V W I R Ł R N S T O P I E Ń
L I A W T W Y S O K O Ś Ć W
```

WYSOKOŚĆ
SZEROKOŚĆ
BAJT
CENTYMETR
DZIESIĘTNY
STOPIEŃ
GRAM
KILOGRAM
LITR

DŁUGOŚĆ
MASA
METR
MINUTA
UNCJA
WAGA
CAL
TONA

96 - Barcos

```
M A R Y N A R Z F T N D J V
J A C H T D W D K R Q Z E K
U M S M O R S K I A K N Z O
N S V Z J P M I D T A A I T
W I J E T U J Y O W J U O W
O L I N A T L K S A A T R I
K N Ż O R Z E K A W K Y O C
I I A Y O J P K A K F C L A
O K G F Y H R B O J A Z N D
U K L Z A Ł O G A C L N U L
J A Ó A F L M O R Z E Y G C
A O W U E P A A S C P A A S
Q Ł K A R U J K W Z Z I N P
O C A O P A B L A H T Ł Ł S
```

KOTWICA	MORSKI
TRATWA	MASZT
BOJA	SILNIK
KAJAK	NAUTYCZNY
LINA	OCEAN
PROM	FALE
JEZIORO	RZEKA
MORZE	ZAŁOGA
FALA	ŻAGLÓWKA
MARYNARZ	JACHT

97 - Antártida

```
O R A W B P M I N E R A Ł Y
C W S I U T Q I Z K Ł B G S
H Y Y P A A S C G Z W N V U
R P W S Q K D F O R Z I Ł G
O R G P P I K A M W A X Q C
N A C U L Y N K C O T C N Y
A W N A U K O W Y D O H J Z
J A M C X C Ł H S A K M M A
V G E O G R A F I A A U H S
P I N G W I N Y N C H R Q F
P Ó Ł W Y S E P Y K A Y G D
L O D O W C E L B A D A C Z
Y Ó V T E M P E R A T U R A
S Q D K O N T Y N E N T D B
```

WODA	BADACZ
ZATOKA	WYSPY
NAUKOWY	MIGRACJA
OCHRONA	MINERAŁY
KONTYNENT	CHMURY
WYPRAWA	PTAKI
GEOGRAFIA	PÓŁWYSEP
LODOWCE	PINGWINY
LÓD	TEMPERATURA

98 - Piratas

```
P N S U O E K M U D R W F K
E A R J Y F O P Y C D Y L O
Z T P R B T M Q C G Ł S A T
K Y K U P P L A Ż A P G W
K A G M G Ł A N M A P A A I
M Y P F O A S B L I Z N A C
B O B I B M F L E G E N D A
T V T N T S K A R B I C K Z
N V Q O Z A W Y Z Ł Y N Z A
M O N E T Y N P Ł Y W Y F Ł
J A S K I N I A O L Y P S O
I Z I Y P G U F T N K H J G
V N Z P R Z Y G O D A Q G A
S G N A Ł K R Q L B D T G R
```

KOTWICA	PAPUGA
PRZYGODA	ZŁY
FLAGA	MAPA
KOMPAS	PŁYWY
KAPITAN	MONETY
BLIZNA	ZŁOTO
JASKINIA	PLAŻA
MIECZ	RUM
WYSPA	SKARB
LEGENDA	ZAŁOGA

99 - Mamíferos

```
Y  N  H  Q  L  X  L  U  G  I  K  O  W  S
L  U  I  B  A  Ł  S  J  L  D  A  S  I  R
O  W  I  E  L  B  Ł  Ą  D  P  N  I  E  K
F  A  P  Ł  D  K  O  J  O  T  G  O  L  R
U  X  H  K  T  Ź  Ń  V  E  Ł  U  Ł  O  Ó
R  A  O  F  R  K  W  I  L  K  R  R  R  L
H  F  W  T  R  Q  X  I  D  O  B  F  Y  I
V  V  C  J  C  Ł  K  G  E  Ń  Y  P  B  I
U  Q  E  F  W  G  D  O  Ł  D  K  N  V  Ł
C  S  Z  F  S  L  D  R  T  E  Ź  K  J  G
U  G  H  E  K  N  C  Y  D  E  L  F  I  N
P  I  E  S  B  Ł  X  L  V  H  I  G  I  F
X  P  T  Ż  Y  R  A  F  A  O  S  Ł  I  K
E  R  J  G  Z  M  A  Ł  P  A  E  I  P  W
```

WIELORYB	KOT
OSIOŁ	GORYL
KOŃ	ŻYRAFA
WIELBŁĄD	WILK
KANGUR	MAŁPA
ZEBRA	NIEDŹWIEDŹ
KRÓLIK	OWCE
KOJOT	PIES
DELFIN	BYK
SŁOŃ	LIS

100 - Abejas

```
E  F  M  A  S  A  D  G  L  F  D  S  K  M
N  K  V  G  L  K  B  O  I  W  Y  Ł  O  I
L  R  O  W  A  D  R  Ó  J  M  M  O  R  X
R  Ó  G  S  V  Q  W  Z  P  I  L  Ń  Z  S
R  L  R  P  Y  Ł  E  K  Y  Ó  J  C  Y  Y
N  O  Ó  S  Ż  S  O  J  K  D  E  E  S  V
V  W  D  G  Y  C  T  M  Z  W  Ł  D  T  K
D  A  J  Z  W  D  Z  E  I  I  I  A  N  W
K  W  I  T  N  Ą  Ć  Ł  M  M  F  A  Y  N
R  Ó  Ż  N  O  R  O  D  N  O  Ś  Ć  T  J
W  G  G  Y  Ś  R  O  Ś  L  I  N  Y  H  Y
O  W  O  C  Ć  Z  A  P  Y  L  A  C  Z  Q
S  W  V  B  V  M  L  K  E  O  I  Ł  T  H
K  J  C  W  Q  U  M  L  C  P  H  D  U  L
```

SKRZYDŁA	OWOC
KORZYSTNY	DYM
WOSK	OWAD
UL	OGRÓD
ŻYWNOŚĆ	MIÓD
RÓŻNORODNOŚĆ	ROŚLINY
EKOSYSTEM	PYŁEK
RÓJ	ZAPYLACZ
KWITNĄĆ	KRÓLOWA
KWIATY	SŁOŃCE

1 - Ajedrez
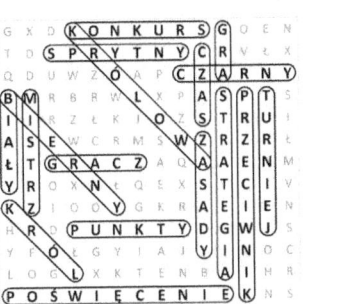

2 - Agua
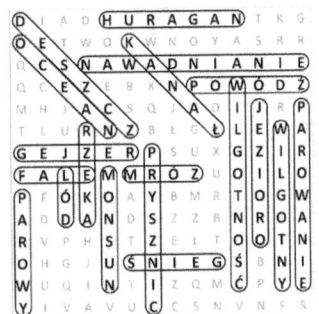

3 - Granja #2
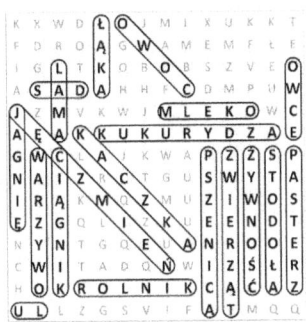

4 - Mueble
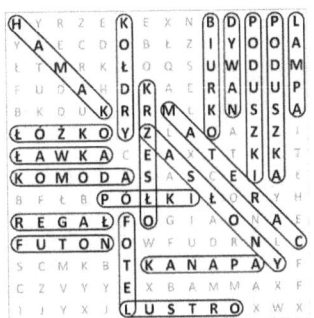

5 - Pesca
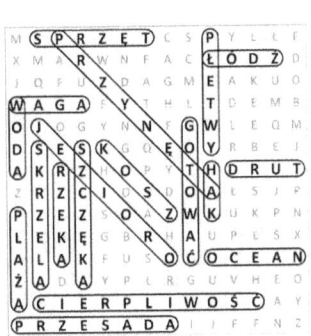

6 - Aviones
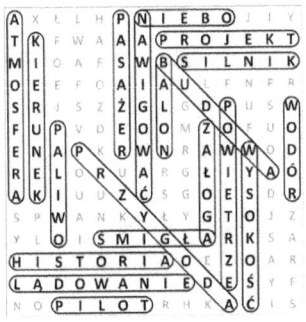

7 - Tipos de Cabello
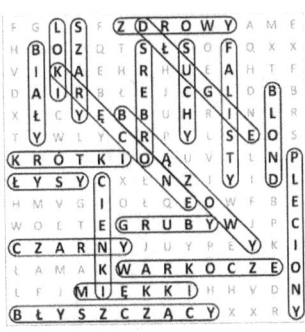

8 - Herramientas de Cocina
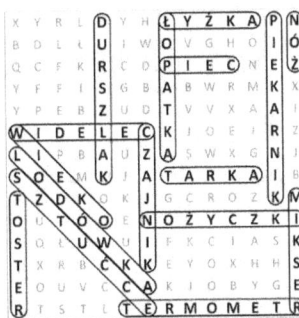

9 - Ciencia Ficción
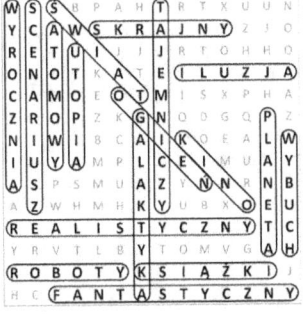

10 - Juguetes
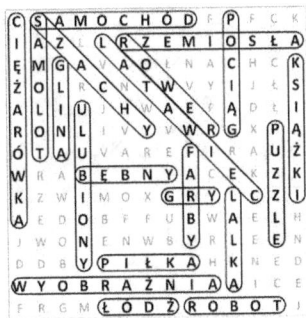

11 - Circo
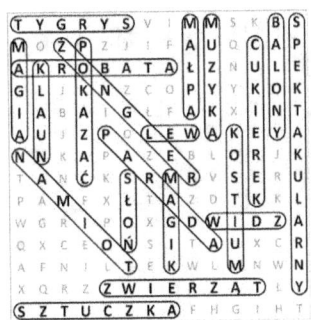

12 - Rellenar
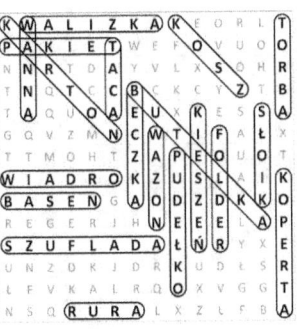

13 - Granja #1

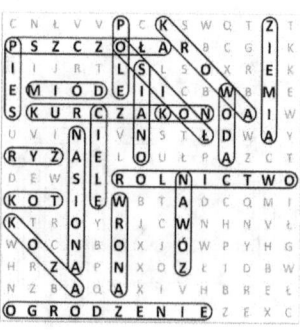

14 - Camping

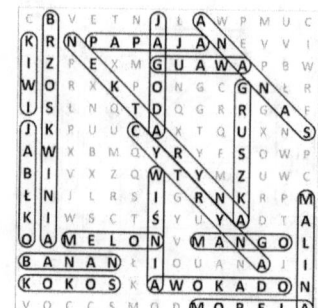

15 - Fruta

16 - Geología

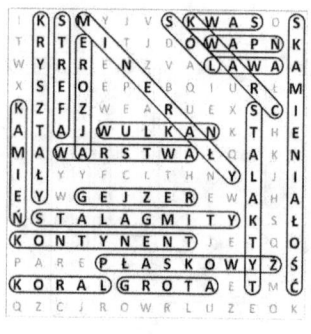

17 - Plantas

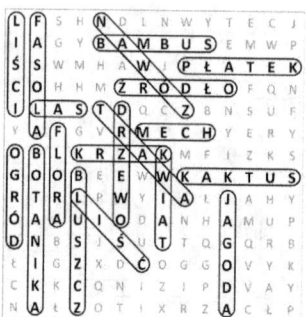

18 - Suministros de Arte

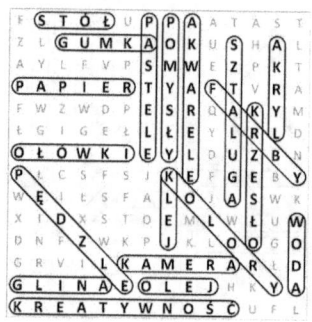

19 - Jardín

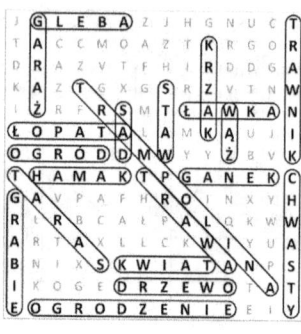

20 - Países #2

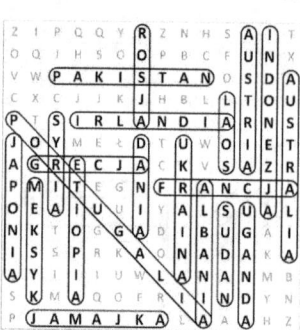

21 - Números

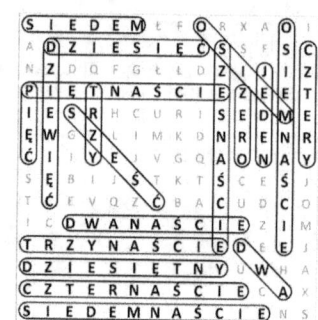

22 - Mitología

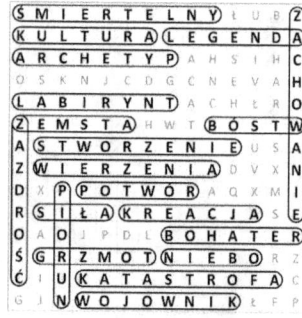

23 - Ecología

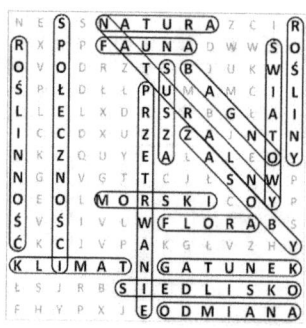

24 - Casa

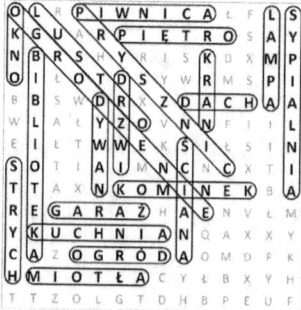

25 - Artes Visuales

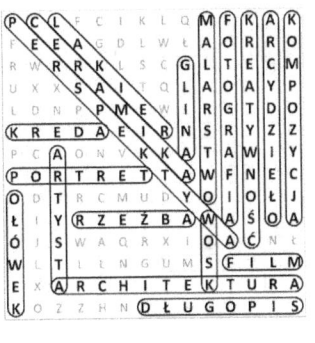
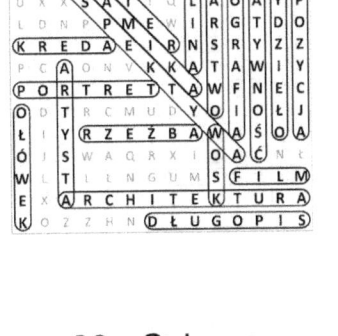

26 - Escuela #2

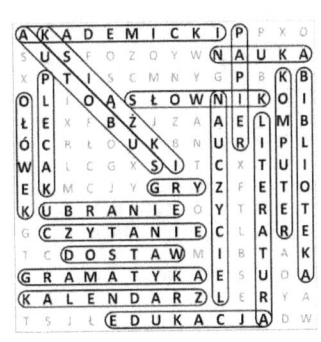

27 - Selva Tropical

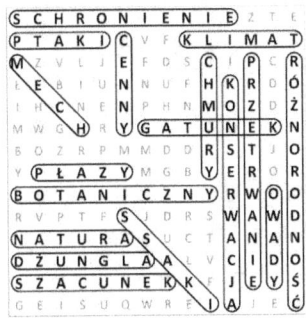

28 - Colores

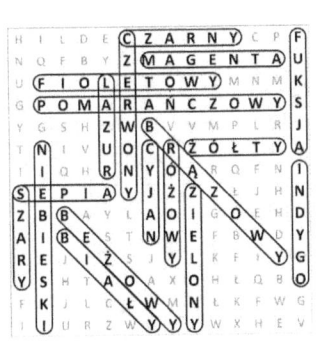

29 - Adjetivos #1

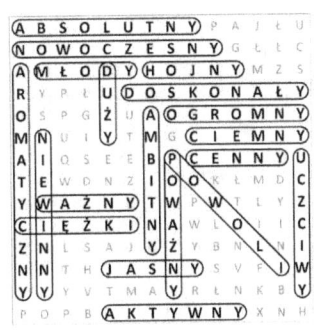

30 - Familia

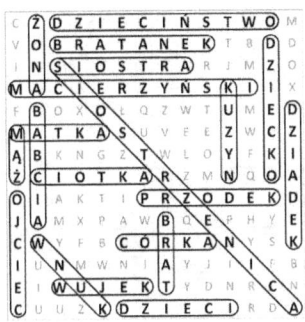

31 - Disciplinas Científicas

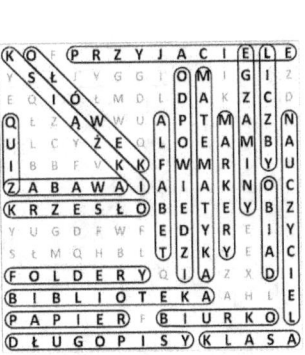

32 - Gatos

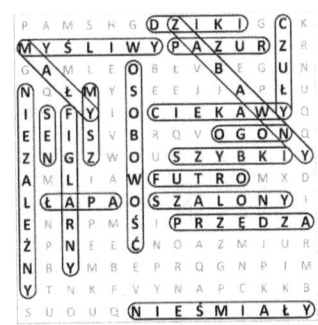

33 - Cocina

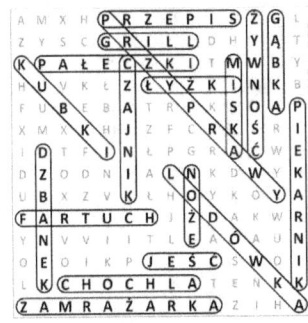

34 - Escuela #1

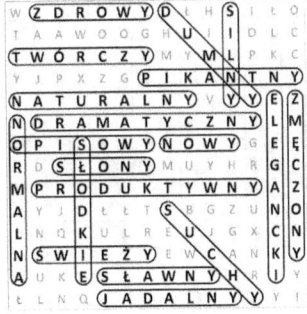

35 - Adjetivos #2

36 - Cuerpo Humano

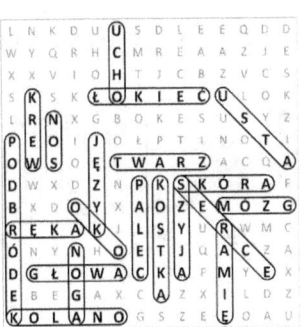

37 - Ciencia

38 - Dinosaurios

39 - Restaurante #2

40 - Profesiones #1

41 - Vehículos

42 - Vacaciones #2

43 - Cumpleaños

44 - Baile

45 - Matemáticas

46 - Restaurante #1

47 - Profesiones #2

48 - Senderismo

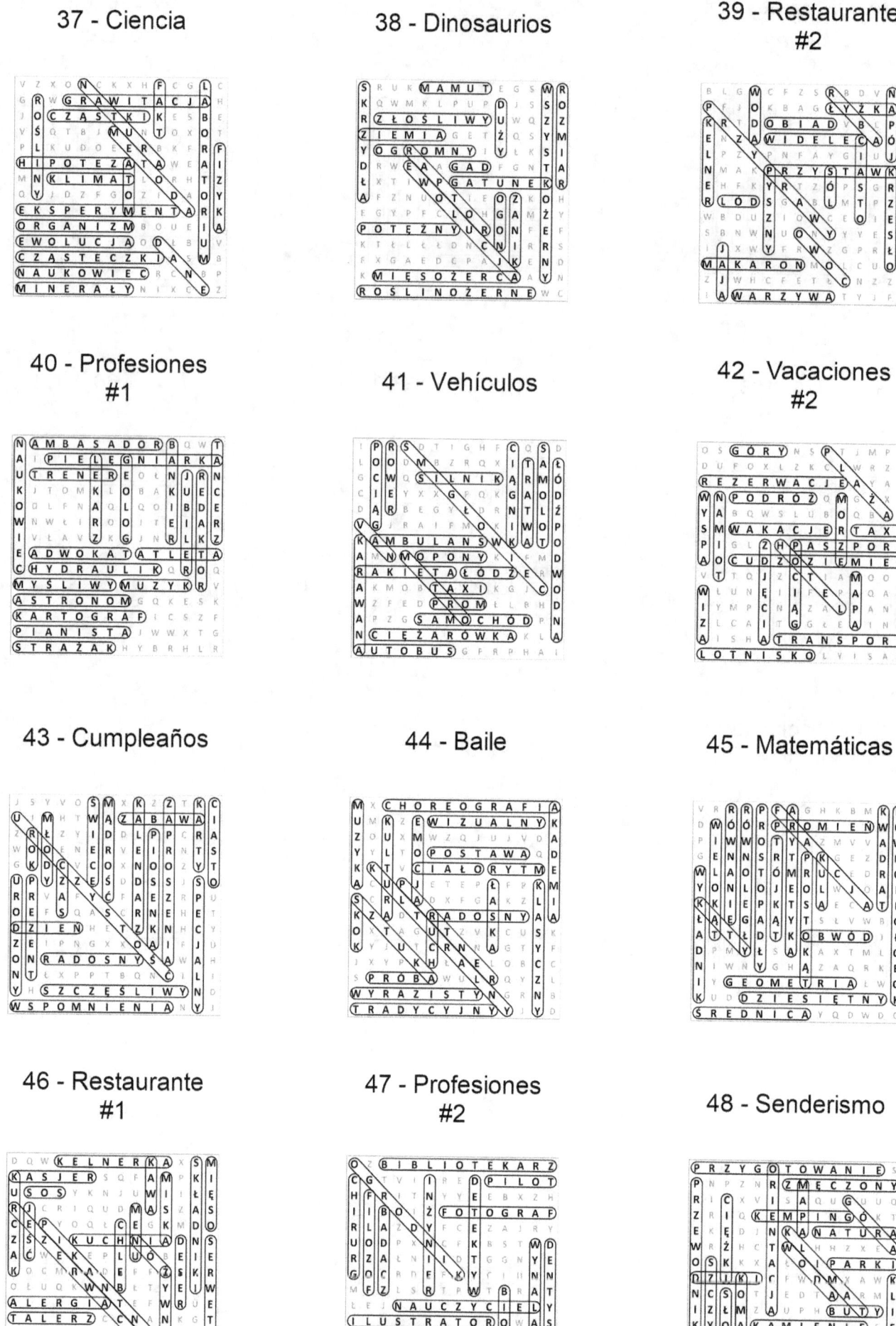

49 - Naturaleza

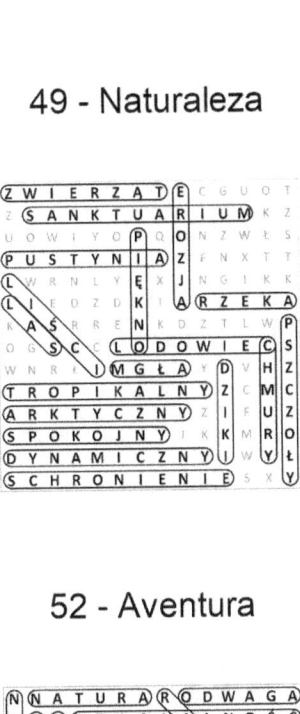

50 - Conduciendo

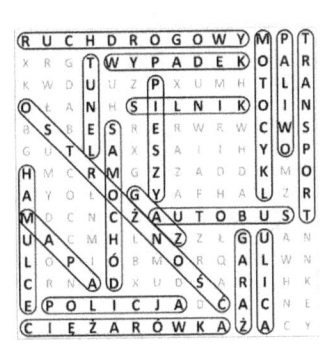

51 - Ballet

52 - Aventura

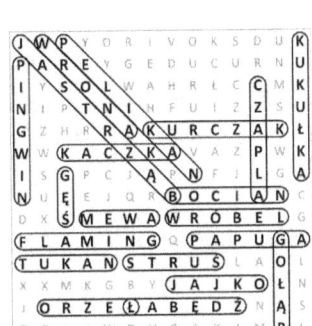

53 - Pájaros

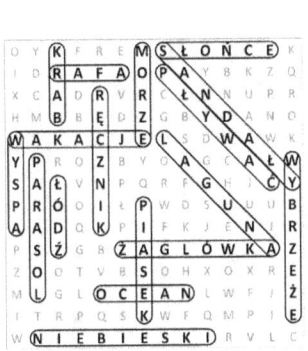

54 - Playa

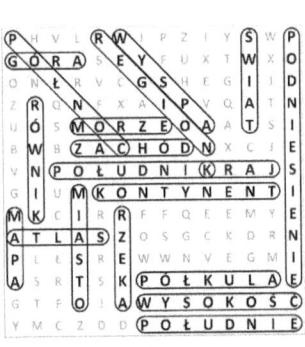

55 - Surf

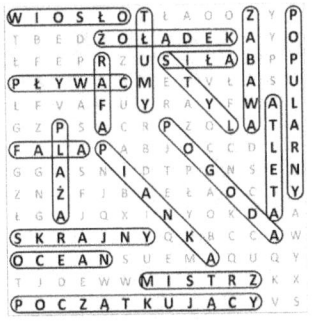

56 - Geografía

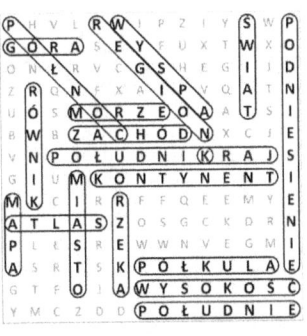

57 - Deportes

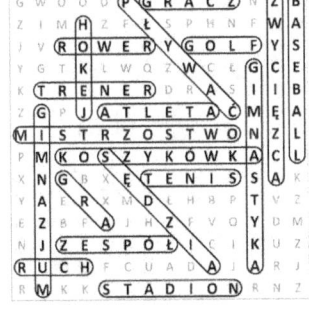

58 - Actividades

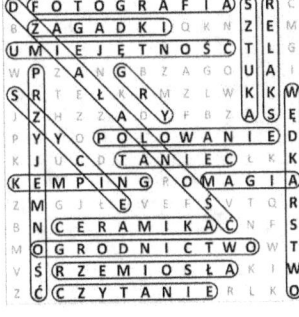

59 - Verduras

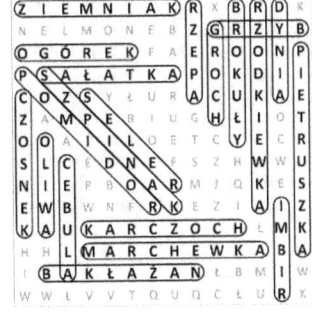

60 - Instrumentos Musicales

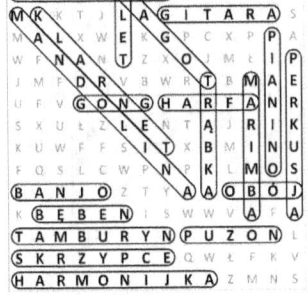

61 - Escalada

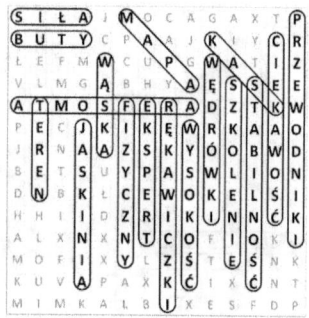

62 - Mascotas

63 - Formas

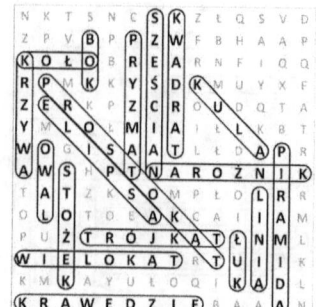

64 - Flores

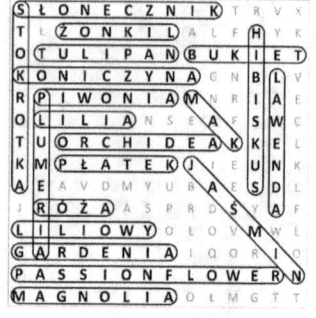

65 - Astronomía

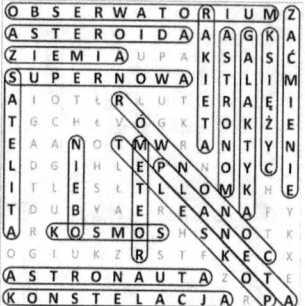

66 - Tiempo

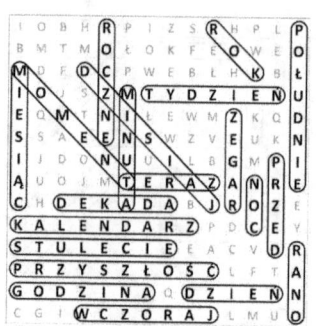

67 - Paisajes

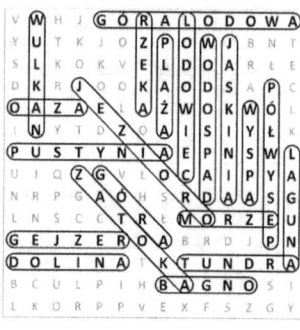

68 - Días y Meses

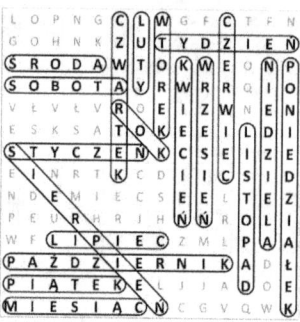

69 - Chocolate

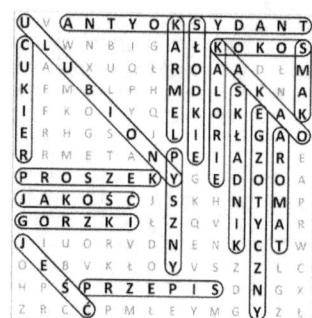

70 - Barbacoas

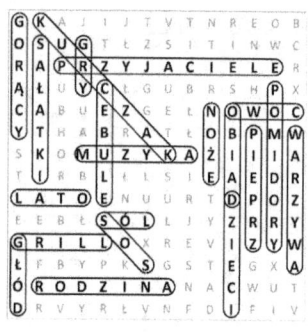

71 - Ropa

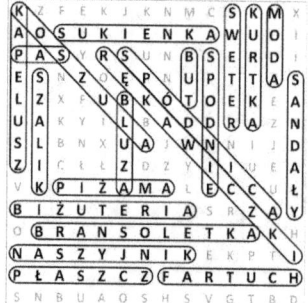

72 - Meditación

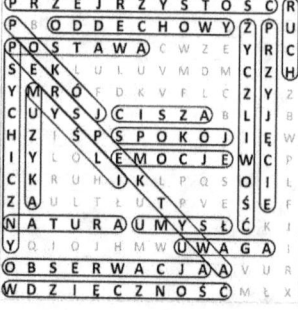

73 - Comedia

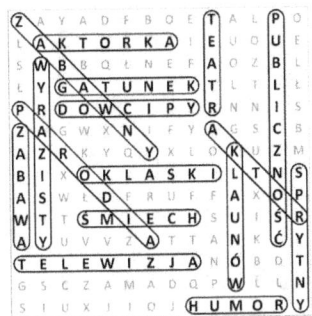

74 - Libros

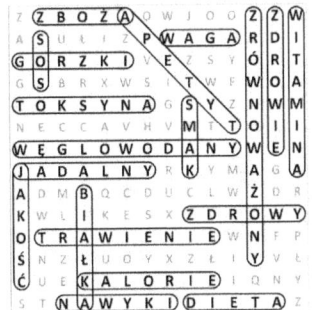

75 - Nutrición

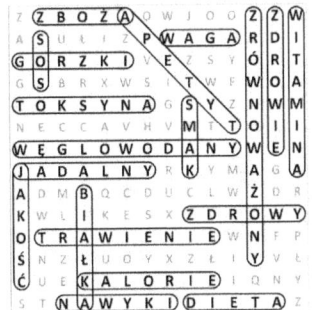

76 - Bondad

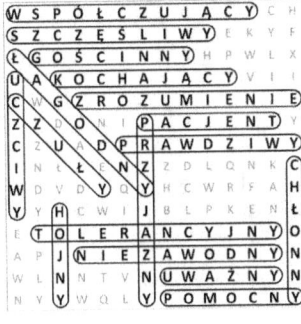

77 - Edificios

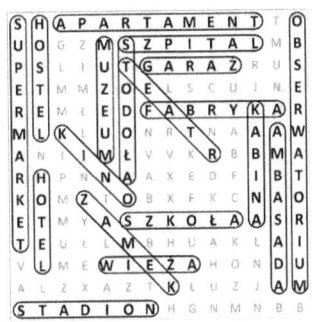

78 - Océano

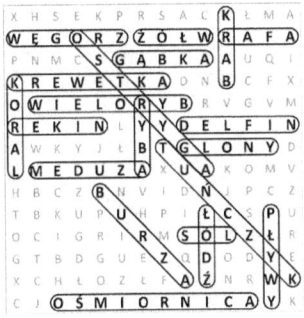

79 - Ciudad

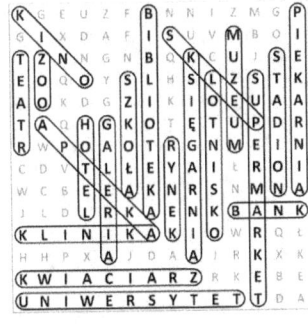

80 - Conservación

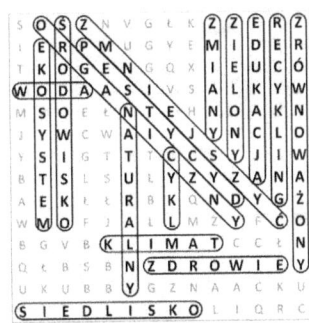

81 - Campeonato

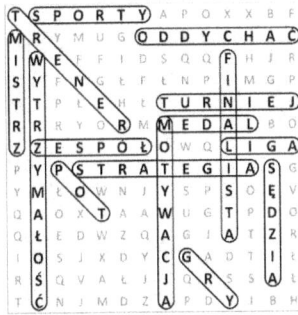

82 - Actividades y Ocio

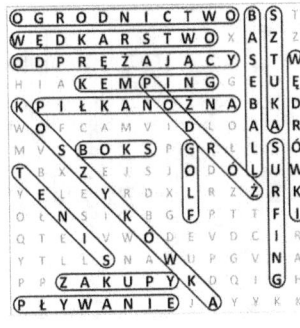

83 - Comida #1

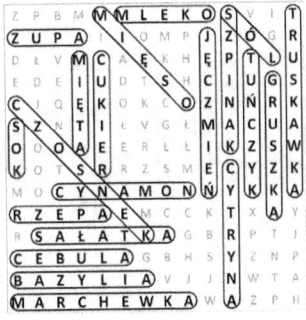

84 - Virtudes #1

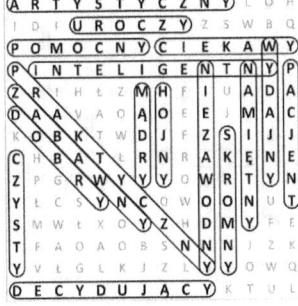

85 - Literatura

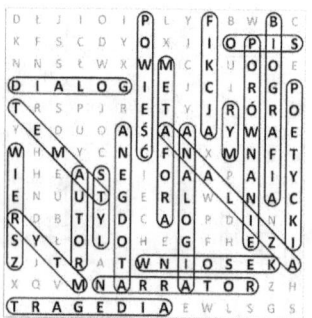

86 - Clima

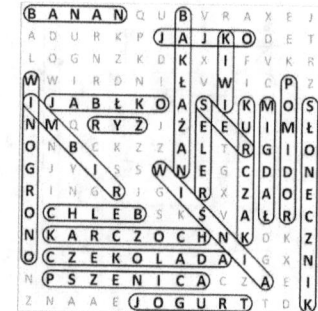

87 - Comida #2

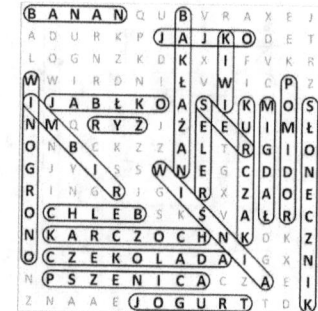

88 - Castillos

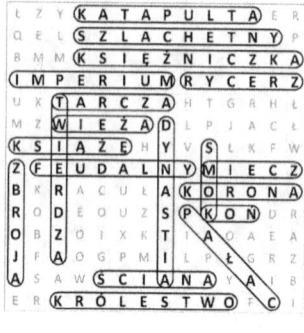

89 - Arte

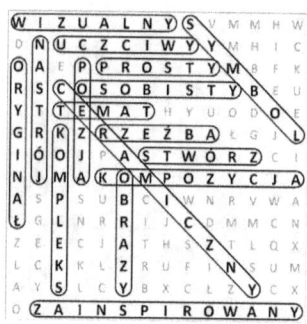

90 - Herboristería

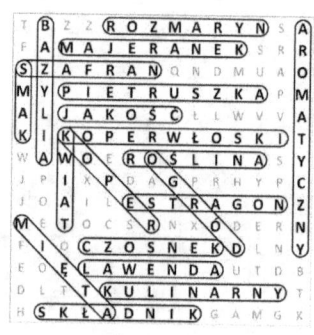

91 - Verano

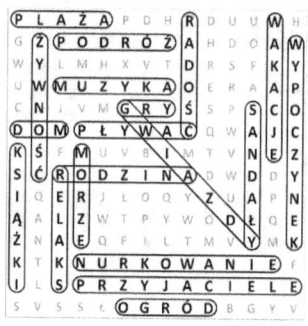

92 - Insectos

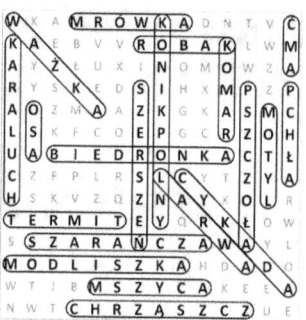

93 - Especias

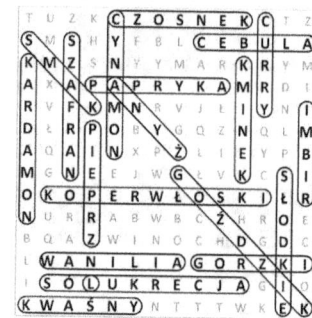

94 - Emociones

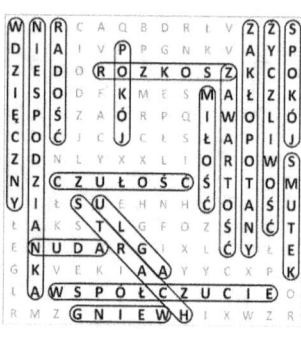

95 - Mediciones

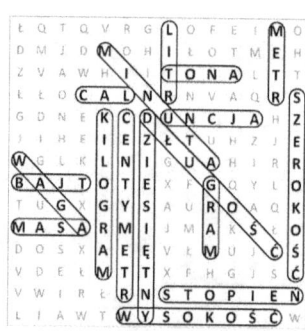

96 - Barcos

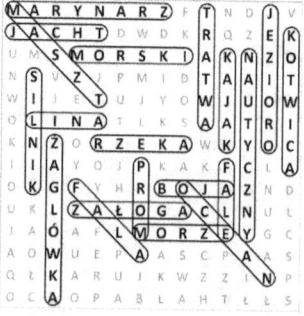

97 - Antártida

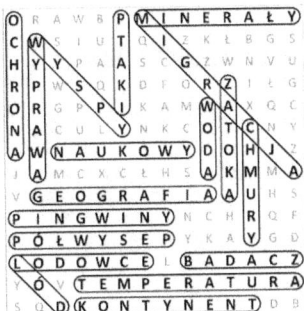

98 - Piratas

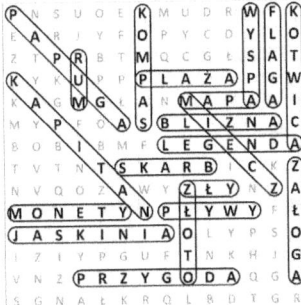

99 - Mamíferos

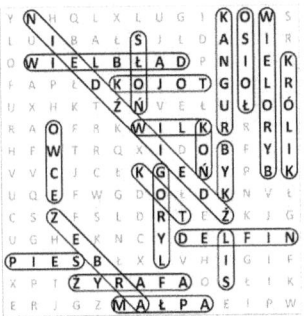

100 - Abejas

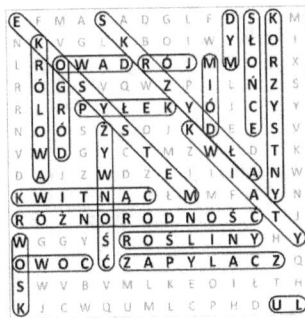

Diccionario

Abejas
Pszczoły

Alas	Skrzydła
Beneficioso	Korzystny
Cera	Wosk
Colmena	Ul
Comida	Żywność
Diversidad	Różnorodność
Ecosistema	Ekosystem
Enjambre	Rój
Flor	Kwitnąć
Flores	Kwiaty
Fruta	Owoc
Humo	Dym
Insecto	Owad
Jardín	Ogród
Miel	Miód
Plantas	Rośliny
Polen	Pyłek
Polinizador	Zapylacz
Reina	Królowa
Sol	Słońce

Actividades
Działalność

Actividad	Działalność
Arte	Sztuka
Artesanía	Rzemiosła
Baile	Taniec
Camping	Kemping
Caza	Polowanie
Cerámica	Ceramika
Costura	Szycie
Fotografía	Fotografia
Habilidad	Umiejętność
Jardinería	Ogrodnictwo
Juegos	Gry
Lectura	Czytanie
Magia	Magia
Ocio	Wypoczynek
Pesca	Wędkarstwo
Placer	Przyjemność
Relajación	Relaks
Rompecabezas	Zagadki
Senderismo	Wędrówki

Actividades y Ocio
Aktywność i Wypoczynek

Arte	Sztuka
Baloncesto	Koszykówka
Béisbol	Baseball
Boxeo	Boks
Buceo	Nurkowanie
Camping	Kemping
Carreras	Wyścigi
Compras	Zakupy
Fútbol	Piłka Nożna
Golf	Golf
Jardinería	Ogrodnictwo
Natación	Pływanie
Pesca	Wędkarstwo
Pintura	Malarstwo
Relajante	Odprężający
Senderismo	Wędrówki
Surf	Surfing
Tenis	Tenis
Viaje	Podróż
Voleibol	Siatkówka

Adjetivos #1
Przymiotniki # 1

Absoluto	Absolutny
Activo	Aktywny
Ambicioso	Ambitny
Aromático	Aromatyczny
Atractivo	Atrakcyjny
Brillante	Jasny
Enorme	Ogromny
Generoso	Hojny
Grande	Duży
Honesto	Uczciwy
Importante	Ważny
Inocente	Niewinny
Joven	Młody
Lento	Powoli
Moderno	Nowoczesny
Oscuro	Ciemny
Perfecto	Doskonały
Pesado	Ciężki
Serio	Poważny
Valioso	Cenny

Adjetivos #2
Przymiotniki # 2

Cansado	Zmęczony
Comestible	Jadalny
Creativo	Twórczy
Descriptivo	Opisowy
Dramático	Dramatyczny
Dulce	Słodkie
Elegante	Elegancki
Famoso	Sławny
Fresco	Świeży
Fuerte	Silny
Interesante	Interesujący
Natural	Naturalny
Normal	Normalna
Nuevo	Nowy
Orgulloso	Dumny
Picante	Pikantny
Productivo	Produktywny
Salado	Słony
Saludable	Zdrowy
Seco	Suchy

Agua
Woda

Canal	Kanał
Ducha	Prysznic
Evaporación	Parowanie
Géiser	Gejzer
Helada	Mróz
Hielo	Lód
Humedad	Wilgotność
Huracán	Huragan
Húmedo	Wilgotny
Inundación	Powódź
Lago	Jezioro
Lluvia	Deszcz
Monzón	Monsun
Nieve	Śnieg
Océano	Ocean
Olas	Fale
Riego	Nawadnianie
Río	Rzeka
Vapor	Parowy

Ajedrez
Szachy

Blanco	Biały
Campeón	Mistrz
Concurso	Konkurs
Diagonal	Przekątna
Estrategia	Strategia
Inteligente	Sprytny
Juego	Gra
Jugador	Gracz
Negro	Czarny
Oponente	Przeciwnik
Pasivo	Bierny
Puntos	Punkty
Reglas	Zasady
Reina	Królowa
Rey	Król
Sacrificio	Poświęcenie
Tiempo	Czas
Torneo	Turniej

Antártida
Antarktyda

Agua	Woda
Bahía	Zatoka
Científico	Naukowy
Conservación	Ochrona
Continente	Kontynent
Expedición	Wyprawa
Geografía	Geografia
Glaciares	Lodowce
Hielo	Lód
Investigador	Badacz
Islas	Wyspy
Migración	Migracja
Minerales	Minerały
Nubes	Chmury
Pájaros	Ptaki
Península	Półwysep
Pingüinos	Pingwiny
Rocoso	Skalisty
Temperatura	Temperatura
Topografía	Topografia

Arte
Sztuka

Cerámica	Ceramiczny
Complejo	Kompleks
Composición	Kompozycja
Crear	Stwórz
Escultura	Rzeźba
Expresión	Wyrażenie
Honesto	Uczciwy
Humor	Nastrój
Inspirado	Zainspirowany
Original	Oryginał
Personal	Osobisty
Pinturas	Obrazy
Poesía	Poezja
Retratar	Przedstawiać
Sencillo	Prosty
Símbolo	Symbol
Surrealismo	Surrealizm
Tema	Temat
Visual	Wizualny

Artes Visuales
Sztuki Wizualne

Arcilla	Glina
Arquitectura	Architektura
Artista	Artysta
Barniz	Lakier
Caballete	Sztaluga
Cera	Wosk
Cerámica	Ceramika
Composición	Kompozycja
Creatividad	Kreatywność
Escultura	Rzeźba
Fotografía	Fotografia
Lápiz	Ołówek
Obra Maestra	Arcydzieło
Película	Film
Perspectiva	Perspektywa
Pintura	Malarstwo
Pluma	Długopis
Retrato	Portret
Tiza	Kreda

Astronomía
Astronomia

Asteroide	Asteroida
Astronauta	Astronauta
Astrónomo	Astronom
Cielo	Niebo
Cohete	Rakieta
Constelación	Konstelacja
Cosmos	Kosmos
Eclipse	Zaćmienie
Equinoccio	Równonoc
Galaxia	Galaktyka
Gravedad	Grawitacja
Luna	Księżyc
Meteoro	Meteor
Observatorio	Obserwatorium
Planeta	Planeta
Satélite	Satelita
Supernova	Supernowa
Telescopio	Teleskop
Tierra	Ziemia
Universo	Wszechświat

Aventura
Przygoda

Actividad	Działalność
Alegría	Radość
Amigos	Przyjaciele
Belleza	Piękno
Dificultad	Trudność
Entusiasmo	Entuzjazm
Excursión	Wycieczka
Inusual	Niezwykły
Naturaleza	Natura
Navegación	Nawigacja
Nuevo	Nowy
Oportunidad	Szansa
Peligroso	Niebezpieczny
Preparación	Przygotowanie
Sorprendente	Zaskakujący
Valentía	Odwaga
Viajes	Podróże

Aviones
Samoloty

Aire	Powietrze
Altura	Wysokość
Aterrizaje	Lądowanie
Atmósfera	Atmosfera
Aventura	Przygoda
Cielo	Niebo
Combustible	Paliwo
Construcción	Budowa
Dirección	Kierunek
Diseño	Projekt
Globo	Balon
Hélices	Śmigła
Hidrógeno	Wodór
Historia	Historia
Motor	Silnik
Navegar	Nawigować
Pasajero	Pasażer
Piloto	Pilot
Tripulación	Załoga
Turbulencia	Turbulencja

Baile
Taniec

Academia	Akademia
Alegre	Radosny
Arte	Sztuka
Clásico	Klasyczny
Coreografía	Choreografia
Cuerpo	Ciało
Cultura	Kultura
Cultural	Kulturalny
Emoción	Emocja
Ensayo	Próba
Expresivo	Wyrazisty
Gracia	Łaska
Movimiento	Ruch
Música	Muzyka
Postura	Postawa
Ritmo	Rytm
Saltar	Skok
Socio	Partner
Tradicional	Tradycyjny
Visual	Wizualny

Ballet
Balet

Aplauso	Oklaski
Artístico	Artystyczny
Audiencia	Publiczność
Bailarina	Balerina
Bailarines	Tancerze
Compositor	Kompozytor
Coreografía	Choreografia
Ensayo	Próba
Estilo	Styl
Expresivo	Wyrazisty
Gesto	Gest
Habilidad	Umiejętność
Intensidad	Intensywność
Lecciones	Lekcje
Músculos	Mięśnie
Música	Muzyka
Orquesta	Orkiestra
Práctica	Ćwiczyć
Ritmo	Rytm
Técnica	Technika

Barbacoas
Grillowanie

Amigos	Przyjaciele
Caliente	Gorący
Cebollas	Cebule
Cena	Obiad
Cuchillos	Noże
Ensaladas	Sałatki
Familia	Rodzina
Fruta	Owoc
Hambre	Głód
Juegos	Gry
Música	Muzyka
Niños	Dzieci
Parrilla	Grill
Pimienta	Pieprz
Pollo	Kurczak
Sal	Sól
Salsa	Sos
Tomates	Pomidory
Verano	Lato
Verduras	Warzywa

Barcos
Łodzie

Ancla	Kotwica
Balsa	Tratwa
Boya	Boja
Canoa	Kajak
Cuerda	Lina
Ferry	Prom
Lago	Jezioro
Mar	Morze
Marea	Fala
Marinero	Marynarz
Marítimo	Morski
Mástil	Maszt
Motor	Silnik
Náutico	Nautyczny
Océano	Ocean
Olas	Fale
Río	Rzeka
Tripulación	Załoga
Velero	Żaglówka
Yate	Jacht

Bondad
Życzliwość

Afectuoso	Czuły
Amistoso	Przyjazny
Amoroso	Kochający
Atento	Uważny
Compasivo	Współczujący
Comprensión	Zrozumienie
Feliz	Szczęśliwy
Fiable	Niezawodny
Generoso	Hojny
Genuino	Prawdziwy
Honesto	Uczciwy
Hospitalario	Gościnny
Paciente	Pacjent
Receptivo	Chłonny
Suave	Łagodny
Tolerante	Tolerancyjny
Útil	Pomocny

Campeonato
Mistrzostwo

Campeonato	Mistrzostwo
Campeón	Mistrz
Deportes	Sporty
Entrenador	Trener
Equipo	Zespół
Estrategia	Strategia
Finalista	Finalista
Juegos	Gry
Juez	Sędzia
Liga	Liga
Medalla	Medal
Motivación	Motywacja
Rendimiento	Wydajność
Resistencia	Wytrzymałość
Respirar	Oddychać
Torneo	Turniej
Transpiración	Pot
Victoria	Zwycięstwo

Camping
Kemping

Animales	Zwierząt
Aventura	Przygoda
Árboles	Drzewa
Bosque	Las
Brújula	Kompas
Cabina	Kabina
Canoa	Kajak
Caza	Polowanie
Cuerda	Lina
Equipo	Sprzęt
Fuego	Ogień
Hamaca	Hamak
Insecto	Owad
Lago	Jezioro
Linterna	Latarnia
Luna	Księżyc
Mapa	Mapa
Montaña	Góra
Naturaleza	Natura
Sombrero	Kapelusz

Casa
Dom

Alfombra	Dywan
Ático	Strych
Biblioteca	Biblioteka
Chimenea	Kominek
Cocina	Kuchnia
Dormitorio	Sypialnia
Ducha	Prysznic
Escoba	Miotła
Espejo	Lustro
Garaje	Garaż
Grifo	Kran
Jardín	Ogród
Lámpara	Lampa
Pared	Ściana
Piso	Piętro
Puerta	Drzwi
Sótano	Piwnica
Techo	Dach
Valla	Ogrodzenie
Ventana	Okno

Castillos
Zamki

Armadura	Zbroja
Caballero	Rycerz
Caballo	Koń
Catapulta	Katapulta
Corona	Korona
Dinastía	Dynastia
Dragón	Smok
Escudo	Tarcza
Espada	Miecz
Feudal	Feudalny
Fortaleza	Twierdza
Imperio	Imperium
Noble	Szlachetny
Palacio	Pałac
Pared	Ściana
Princesa	Księżniczka
Príncipe	Książę
Reino	Królestwo
Torre	Wieża
Unicornio	Jednorożec

Chocolate
Czekolada

Amargo	Gorzki
Antioxidante	Antyoksydant
Aroma	Aromat
Azúcar	Cukier
Cacao	Kakao
Calidad	Jakość
Calorías	Kalorie
Caramelo	Karmel
Coco	Kokos
Comer	Jeść
Delicioso	Pyszny
Dulce	Słodkie
Exótico	Egzotyczny
Favorito	Ulubiony
Gusto	Smak
Ingrediente	Składnik
Polvo	Proszek
Receta	Przepis

Ciencia
Nauki Ścisłe

Átomo	Atom
Científico	Naukowiec
Clima	Klimat
Datos	Dane
Evolución	Ewolucja
Experimento	Eksperyment
Física	Fizyka
Fósil	Skamieniałość
Gravedad	Grawitacja
Hecho	Fakt
Hipótesis	Hipoteza
Laboratorio	Laboratorium
Método	Metoda
Minerales	Minerały
Moléculas	Cząsteczki
Naturaleza	Natura
Organismo	Organizm
Partículas	Cząstki
Plantas	Rośliny
Químico	Chemiczny

Ciencia Ficción
Fantastyka Naukowa

Atómico	Atomowy
Cine	Kino
Escenario	Scenariusz
Explosión	Wybuch
Extremo	Skrajny
Fantástico	Fantastyczny
Fuego	Ogień
Futurista	Futurystyczny
Galaxia	Galaktyka
Ilusión	Iluzja
Imaginario	Wyimaginowany
Libros	Książki
Misterioso	Tajemniczy
Mundo	Świat
Oráculo	Wyrocznia
Planeta	Planeta
Realista	Realistyczny
Robots	Roboty
Tecnología	Technologia
Utopía	Utopia

Circo
Cyrk

Acróbata	Akrobata
Animales	Zwierząt
Caramelo	Cukierek
Carpa	Namiot
Desfile	Parada
Elefante	Słoń
Espectacular	Spektakularny
Espectador	Widz
Globos	Balony
León	Lew
Magia	Magia
Mago	Magik
Malabarista	Żongler
Mono	Małpa
Mostrar	Pokazać
Música	Muzyka
Payaso	Klaun
Tigre	Tygrys
Traje	Kostium
Truco	Sztuczka

Ciudad
Miasto

Aeropuerto	Lotnisko
Banco	Bank
Biblioteca	Biblioteka
Cine	Kino
Clínica	Klinika
Escuela	Szkoła
Estadio	Stadion
Farmacia	Apteka
Florista	Kwiaciarz
Galería	Galeria
Hotel	Hotel
Librería	Księgarnia
Mercado	Rynek
Museo	Muzeum
Panadería	Piekarnia
Supermercado	Supermarket
Teatro	Teatr
Tienda	Sklep
Universidad	Uniwersytet
Zoo	Zoo

Clima
Pogoda

Atmósfera	Atmosfera
Brisa	Bryza
Cielo	Niebo
Clima	Klimat
Hielo	Lód
Huracán	Huragan
Inundación	Powódź
Monzón	Monsun
Niebla	Mgła
Nube	Chmura
Polar	Polarny
Rayo	Piorun
Seco	Suchy
Sequía	Susza
Temperatura	Temperatura
Tormenta	Burza
Tornado	Tornado
Tropical	Tropikalny
Trueno	Grzmot
Viento	Wiatr

Cocina
Kuchnia

Caldera	Czajnik
Comer	Jeść
Comida	Żywność
Congelador	Zamrażarka
Cucharas	Łyżki
Cucharón	Chochla
Cuchillos	Noże
Delantal	Fartuch
Especias	Przyprawy
Esponja	Gąbka
Horno	Piekarnik
Jarra	Dzbanek
Palillos	Pałeczki
Parrilla	Grill
Receta	Przepis
Refrigerador	Lodówka
Servilleta	Serwetka
Tazas	Kubki
Tazón	Miska
Tenedores	Widelce

Colores
Zabarwienie

Amarillo	Żółty
Azul	Niebieski
Azur	Lazur
Beige	Beżowy
Blanco	Biały
Cian	Cyjan
Fucsia	Fuksja
Gris	Szary
Índigo	Indygo
Magenta	Magenta
Marrón	Brązowy
Naranja	Pomarańczowy
Negro	Czarny
Púrpura	Fioletowy
Rojo	Czerwony
Rosa	Różowy
Sepia	Sepia
Verde	Zielony

Comedia
Komedia

Actor	Aktor
Actriz	Aktorka
Aplauso	Oklaski
Audiencia	Publiczność
Chistes	Dowcipy
Diversión	Zabawa
Expresivo	Wyrazisty
Género	Gatunek
Gracioso	Zabawny
Humor	Humor
Improvisación	Improwizacja
Inteligente	Sprytny
Parodia	Parodia
Payasos	Klaunów
Risa	Śmiech
Teatro	Teatr
Televisión	Telewizja

Comida #1
Jedzenie # 1

Ajo	Czosnek
Albahaca	Bazylia
Atún	Tuńczyk
Azúcar	Cukier
Canela	Cynamon
Carne	Mięso
Cebada	Jęczmień
Cebolla	Cebula
Ensalada	Sałatka
Espinacas	Szpinak
Fresa	Truskawka
Jugo	Sok
Leche	Mleko
Limón	Cytryna
Menta	Mięta
Nabo	Rzepa
Pera	Gruszka
Sal	Sól
Sopa	Zupa
Zanahoria	Marchewka

Comida #2
Jedzenie # 2

Alcachofa	Karczoch
Almendra	Migdał
Apio	Seler
Arroz	Ryż
Berenjena	Bakłażan
Cereza	Wiśnia
Chocolate	Czekolada
Girasol	Słonecznik
Huevo	Jajko
Jengibre	Imbir
Kiwi	Kiwi
Manzana	Jabłko
Pan	Chleb
Plátano	Banan
Pollo	Kurczak
Queso	Ser
Tomate	Pomidor
Trigo	Pszenica
Uva	Winogrono
Yogur	Jogurt

Conduciendo
Prowadzenie Pojazdów

Accidente	Wypadek
Autobús	Autobus
Calle	Ulica
Camión	Ciężarówka
Coche	Samochód
Combustible	Paliwo
Frenos	Hamulce
Garaje	Garaż
Gas	Gaz
Licencia	Licencja
Mapa	Mapa
Motocicleta	Motocykl
Motor	Silnik
Peatonal	Pieszy
Policía	Policja
Precaución	Ostrożność
Transporte	Transport
Tráfico	Ruch Drogowy
Túnel	Tunel
Velocidad	Prędkość

Conservación
Ochrona Przyrody

Agua	Woda
Ambiental	Środowisko
Cambios	Zmiany
Ciclo	Cykl
Clima	Klimat
Ecosistema	Ekosystem
Educación	Edukacja
Hábitat	Siedlisko
Natural	Naturalny
Orgánico	Organiczny
Pesticida	Pestycyd
Reciclar	Recykling
Reducir	Zmniejszyć
Salud	Zdrowie
Sostenible	Zrównoważony
Verde	Zielony
Voluntario	Wolontariusz

Cuerpo Humano
Ciało Ludzkie

Barbilla	Podbródek
Boca	Usta
Cabeza	Głowa
Cara	Twarz
Cerebro	Mózg
Codo	Łokieć
Corazón	Serce
Cuello	Szyja
Dedo	Palec
Hombro	Ramię
Lengua	Język
Mano	Ręka
Nariz	Nos
Ojo	Oko
Oreja	Ucho
Piel	Skóra
Pierna	Noga
Rodilla	Kolano
Sangre	Krew
Tobillo	Kostka

Cumpleaños
Urodziny

Alegre	Radosny
Amigos	Przyjaciele
Año	Rok
Calendario	Kalendarz
Canción	Piosenka
Celebración	Uroczystość
Diversión	Zabawa
Día	Dzień
Especial	Specjalny
Feliz	Szczęśliwy
Invitaciones	Zaproszenia
Joven	Młody
Nacer	Urodzony
Pastel	Ciasto
Recuerdos	Wspomnienia
Regalo	Prezent
Sabiduría	Mądrość
Tarjetas	Karty
Tiempo	Czas
Velas	Świece

Deportes
Sporty

Atleta	Atleta
Árbitro	Sędzia
Baloncesto	Koszykówka
Béisbol	Baseball
Bicicleta	Rower
Campeonato	Mistrzostwo
Entrenador	Trener
Equipo	Zespół
Estadio	Stadion
Ganador	Zwycięzca
Gimnasia	Gimnastyka
Gimnasio	Gimnazjum
Golf	Golf
Hockey	Hokej
Juego	Gra
Jugador	Gracz
Movimiento	Ruch
Nadar	Pływać
Tenis	Tenis

Dinosaurios
Dinozaury

Alas	Skrzydła
Carnívoro	Mięsożerca
Cola	Ogon
Desaparición	Zanik
Enorme	Ogromny
Especie	Gatunek
Evolución	Ewolucja
Grande	Duży
Herbívoro	Roślinożerne
Mamut	Mamut
Omnívoro	Wszystkożerny
Poderoso	Potężny
Raptor	Raptor
Reptil	Gad
Tamaño	Rozmiar
Tierra	Ziemia
Vicioso	Złośliwy

Disciplinas Científicas
Dyscypliny Naukowe

Anatomía	Anatomia
Arqueología	Archeologia
Astronomía	Astronomia
Biología	Biologia
Bioquímica	Biochemia
Botánica	Botanika
Ecología	Ekologia
Fisiología	Fizjologia
Geología	Geologia
Inmunología	Immunologia
Mecánica	Mechanika
Meteorología	Meteorologia
Mineralogía	Mineralogia
Neurología	Neurologia
Nutrición	Odżywianie
Psicología	Psychologia
Química	Chemia
Sociología	Socjologia
Termodinámica	Termodynamika
Zoología	Zoologia

Días y Meses
Dni i Miesiące

Abril	Kwiecień
Agosto	Sierpień
Año	Rok
Calendario	Kalendarz
Domingo	Niedziela
Enero	Styczeń
Febrero	Luty
Jueves	Czwartek
Julio	Lipiec
Junio	Czerwiec
Lunes	Poniedziałek
Martes	Wtorek
Mes	Miesiąc
Miércoles	Środa
Noviembre	Listopad
Octubre	Październik
Sábado	Sobota
Semana	Tydzień
Septiembre	Wrzesień
Viernes	Piątek

Ecología
Ekologia

Clima	Klimat
Comunidades	Społeczności
Diversidad	Różnorodność
Especie	Gatunek
Fauna	Fauna
Flora	Flora
Global	Światowy
Hábitat	Siedlisko
Marino	Morski
Natural	Naturalny
Naturaleza	Natura
Pantano	Bagno
Plantas	Rośliny
Recursos	Zasoby
Sequía	Susza
Sostenible	Zrównoważony
Supervivencia	Przetrwanie
Variedad	Odmiana
Vegetación	Roślinność
Voluntarios	Wolontariusze

Edificios
Budynek

Albergue	Hostel
Apartamento	Apartament
Cabina	Kabina
Castillo	Zamek
Cine	Kino
Embajada	Ambasada
Escuela	Szkoła
Estadio	Stadion
Fábrica	Fabryka
Garaje	Garaż
Granero	Stodoła
Hospital	Szpital
Hotel	Hotel
Laboratorio	Laboratorium
Museo	Muzeum
Observatorio	Obserwatorium
Supermercado	Supermarket
Teatro	Teatr
Torre	Wieża
Universidad	Uniwersytet

Emociones
Emocji

Aburrimiento	Nuda
Agradecido	Wdzięczny
Alegría	Radość
Alivio	Ulga
Amor	Miłość
Avergonzado	Zakłopotany
Beatitud	Rozkosz
Bondad	Życzliwość
Contenido	Zawartość
Ira	Gniew
Miedo	Strach
Paz	Pokój
Satisfecho	Zadowolona
Simpatía	Współczucie
Sorpresa	Niespodzianka
Ternura	Czułość
Tranquilidad	Spokój
Tristeza	Smutek

Escalada
Wspinaczka

Altitud	Wysokość
Atmósfera	Atmosfera
Botas	Buty
Casco	Kask
Cueva	Jaskinia
Curiosidad	Ciekawość
Estabilidad	Stabilność
Estrecho	Wąska
Experto	Ekspert
Físico	Fizyczny
Formación	Szkolenie
Fuerza	Siła
Guantes	Rękawiczki
Guías	Przewodniki
Mapa	Mapa
Senderismo	Wędrówki
Terreno	Teren

Escuela #1
Szkoła nr 1

Alfabeto	Alfabet
Almuerzo	Obiad
Amigos	Przyjaciele
Aula	Klasa
Biblioteca	Biblioteka
Carpetas	Foldery
Diversión	Zabawa
Escritorio	Biurko
Examen	Quiz
Exámenes	Egzaminy
Lápiz	Ołówek
Libros	Książki
Marcadores	Markery
Matemática	Matematyka
Números	Liczby
Papel	Papier
Plumas	Długopisy
Profesor	Nauczyciel
Respuestas	Odpowiedzi
Silla	Krzesło

Escuela #2
Szkoła nr 2

Académico	Akademicki
Autobús	Autobus
Biblioteca	Biblioteka
Calendario	Kalendarz
Ciencia	Nauka
Diccionario	Słownik
Educación	Edukacja
Gramática	Gramatyka
Juegos	Gry
Lápiz	Ołówek
Lectura	Czytanie
Libros	Książki
Literatura	Literatura
Mochila	Plecak
Ordenador	Komputer
Papel	Papier
Profesor	Nauczyciel
Ropa	Ubranie
Suministros	Dostaw
Tijeras	Nożyczki

Especias
Przyprawy

Agrio	Kwaśny
Ajo	Czosnek
Amargo	Gorzki
Anís	Anyż
Azafrán	Szafran
Canela	Cynamon
Cardamomo	Kardamon
Cebolla	Cebula
Clavo	Goździk
Comino	Kminek
Curry	Curry
Dulce	Słodkie
Hinojo	Koper Włoski
Jengibre	Imbir
Pimentón	Papryka
Pimienta	Pieprz
Regaliz	Lukrecja
Sabor	Smak
Sal	Sól
Vainilla	Wanilia

Familia
Rodzina

Abuela	Babcia
Abuelo	Dziadek
Antepasado	Przodek
Esposa	Żona
Hermana	Siostra
Hermano	Brat
Hija	Córka
Infancia	Dzieciństwo
Madre	Matka
Marido	Mąż
Materno	Macierzyński
Nieto	Wnuk
Niño	Dziecko
Niños	Dzieci
Padre	Ojciec
Primo	Kuzyn
Sobrina	Siostrzenica
Sobrino	Bratanek
Tía	Ciotka
Tío	Wujek

Flores
Kwiaty

Amapola	Mak
Gardenia	Gardenia
Girasol	Słonecznik
Hibisco	Hibiskus
Jazmín	Jaśmin
Lavanda	Lawenda
Lila	Liliowy
Lirio	Lilia
Magnolia	Magnolia
Margarita	Stokrotka
Narciso	Żonkil
Orquídea	Orchidea
Pasionaria	Passionflower
Peonía	Piwonia
Pétalo	Płatek
Plumeria	Plumeria
Ramo	Bukiet
Rosa	Róża
Trébol	Koniczyna
Tulipán	Tulipan

Formas
Kształty

Arco	Łuk
Bordes	Krawędzie
Cilindro	Cylinder
Círculo	Koło
Cono	Stożek
Cuadrado	Kwadrat
Cubo	Sześcian
Curva	Krzywa
Elipse	Elipsa
Esfera	Kula
Esquina	Narożnik
Hipérbola	Hiperbola
Lado	Bok
Línea	Linia
Oval	Owal
Pirámide	Piramida
Polígono	Wielokąt
Prisma	Pryzmat
Rectángulo	Prostokąt
Triángulo	Trójkąt

Fruta
Owoce

Aguacate	Awokado
Albaricoque	Morela
Baya	Jagoda
Cereza	Wiśnia
Coco	Kokos
Frambuesa	Malina
Guayaba	Guawa
Kiwi	Kiwi
Limón	Cytryna
Mango	Mango
Manzana	Jabłko
Melocotón	Brzoskwinia
Melón	Melon
Naranja	Pomarańczowy
Nectarina	Nektaryna
Papaya	Papaja
Pera	Gruszka
Piña	Ananas
Plátano	Banan
Uva	Winogrono

Gatos
Koty

Afectuoso	Czuły
Cazador	Myśliwy
Cola	Ogon
Curioso	Ciekawy
Dormir	Sen
Garra	Pazur
Gracioso	Zabawny
Hilo	Przędza
Independiente	Niezależny
Juguetón	Figlarny
Loco	Szalony
Pata	Łapa
Personalidad	Osobowość
Piel	Futro
Poco	Mały
Ratón	Mysz
Rápido	Szybki
Salvaje	Dziki
Tímido	Nieśmiały

Geografía
Geografia

Altitud	Wysokość
Atlas	Atlas
Ciudad	Miasto
Continente	Kontynent
Ecuador	Równik
Elevación	Podniesienie
Hemisferio	Półkula
Isla	Wyspa
Mapa	Mapa
Mar	Morze
Meridiano	Południk
Montaña	Góra
Mundo	Świat
Norte	Północ
Oeste	Zachód
País	Kraj
Región	Region
Río	Rzeka
Sur	Południe
Territorio	Terytorium

Geología
Geologia

Ácido	Kwas
Calcio	Wapń
Capa	Warstwa
Caverna	Grota
Continente	Kontynent
Coral	Koral
Cristales	Kryształy
Cuarzo	Kwarc
Erosión	Erozja
Estalactita	Stalaktyt
Estalagmitas	Stalagmity
Fósil	Skamieniałość
Géiser	Gejzer
Lava	Lawa
Meseta	Płaskowyż
Minerales	Minerały
Piedra	Kamień
Sal	Sól
Volcán	Wulkan
Zona	Strefa

Granja #1
Gospodarstwo #1

Abeja	Pszczoła
Agricultura	Rolnictwo
Agua	Woda
Arroz	Ryż
Burro	Osioł
Caballo	Koń
Cabra	Koza
Campo	Pole
Cuervo	Wrona
Fertilizante	Nawóz
Gato	Kot
Heno	Siano
Miel	Miód
Perro	Pies
Pollo	Kurczak
Semillas	Nasiona
Ternero	Cielę
Tierra	Ziemia
Vaca	Krowa
Valla	Ogrodzenie

Granja #2
Gospodarstwo #2

Agricultor	Rolnik
Animales	Zwierząt
Cebada	Jęczmień
Colmena	Ul
Comida	Żywność
Cordero	Jagnię
Fruta	Owoc
Granero	Stodoła
Huerto	Sad
Leche	Mleko
Llama	Lama
Maíz	Kukurydza
Oveja	Owce
Pastor	Pasterz
Pato	Kaczka
Prado	Łąka
Riego	Nawadnianie
Tractor	Ciągnik
Trigo	Pszenica
Vegetal	Warzywo

Herboristería
Zielarstwo

Ajo	Czosnek
Albahaca	Bazylia
Aromático	Aromatyczny
Azafrán	Szafran
Calidad	Jakość
Culinario	Kulinarny
Eneldo	Koper
Estragón	Estragon
Flor	Kwiat
Hinojo	Koper Włoski
Ingrediente	Składnik
Jardín	Ogród
Lavanda	Lawenda
Mejorana	Majeranek
Menta	Mięta
Perejil	Pietruszka
Planta	Roślina
Romero	Rozmaryn
Sabor	Smak
Verde	Zielony

Herramientas de Cocina
Narzędzia do Gotowania

Batidora	Mikser
Caldera	Czajnik
Colador	Durszlak
Cubertería	Sztućce
Cuchara	Łyżka
Cuchillo	Nóż
Espátula	Łopatka
Estufa	Piec
Exprimidor	Sokowirówka
Horno	Piekarnik
Ralador	Tarka
Refrigerador	Lodówka
Tapa	Wieko
Tenedor	Widelec
Termómetro	Termometr
Tijeras	Nożyczki
Tostadora	Toster

Insectos
Owady

Abeja	Pszczoła
Avispa	Osa
Avispón	Szerszeń
Áfido	Mszyca
Cigarra	Cykada
Cucaracha	Karaluch
Escarabajo	Chrząszcz
Gusano	Robak
Hormiga	Mrówka
Langosta	Szarańcza
Larva	Larwa
Libélula	Ważka
Mantis	Modliszka
Mariposa	Motyl
Mariquita	Biedronka
Mosquito	Komar
Polilla	Ćma
Pulga	Pchła
Saltamontes	Konik Polny
Termita	Termit

Instrumentos Musicales
Instrumenty Muzyczne

Armónica	Harmonijka
Arpa	Harfa
Banjo	Banjo
Clarinete	Klarnet
Fagot	Fagot
Flauta	Flet
Gong	Gong
Guitarra	Gitara
Mandolina	Mandolina
Marimba	Marimba
Oboe	Obój
Pandereta	Tamburyn
Percusión	Perkusja
Piano	Pianino
Saxofón	Saksofon
Tambor	Bęben
Trombón	Puzon
Trompeta	Trąbka
Violín	Skrzypce
Violonchelo	Wiolonczela

Jardín
Ogród

Arbusto	Krzak
Árbol	Drzewo
Banco	Ławka
Césped	Trawnik
Estanque	Staw
Flor	Kwiat
Garaje	Garaż
Hamaca	Hamak
Hierba	Trawa
Huerto	Sad
Jardín	Ogród
Malezas	Chwasty
Manguera	Wąż
Pala	Łopata
Porche	Ganek
Rastrillo	Grabie
Suelo	Gleba
Terraza	Taras
Trampolín	Trampolina
Valla	Ogrodzenie

Juguetes
Zabawki

Ajedrez	Szachy
Arcilla	Glina
Artesanía	Rzemiosła
Avión	Samolot
Barco	Łódź
Bicicleta	Rower
Bola	Piłka
Camión	Ciężarówka
Coche	Samochód
Cometa	Latawiec
Favorito	Ulubiony
Imaginación	Wyobraźnia
Juegos	Gry
Libros	Książki
Muñeca	Lalka
Pinturas	Farby
Robot	Robot
Rompecabezas	Puzzle
Tambores	Bębny
Tren	Pociąg

Libros
Książki

Autor	Autor
Aventura	Przygoda
Colección	Kolekcja
Contexto	Kontekst
Dualidad	Dualizm
Escrito	Pisemny
Historia	Historia
Histórico	Historyczny
Humorístico	Humorystyczny
Inventivo	Wynalazczy
Lector	Czytelnik
Literario	Literacki
Narrador	Narrator
Novela	Powieść
Página	Strona
Pertinente	Istotne
Poema	Wiersz
Poesía	Poezja
Serie	Seria
Trágico	Tragiczny

Literatura
Literatura

Analogía	Analogia
Análisis	Analiza
Anécdota	Anegdota
Autor	Autor
Biografía	Biografia
Comparación	Porównanie
Conclusión	Wniosek
Descripción	Opis
Diálogo	Dialog
Estilo	Styl
Ficción	Fikcja
Metáfora	Metafora
Narrador	Narrator
Novela	Powieść
Poema	Wiersz
Poético	Poetycki
Rima	Rym
Ritmo	Rytm
Tema	Temat
Tragedia	Tragedia

Mamíferos
Ssaki

Ballena	Wieloryb
Burro	Osioł
Caballo	Koń
Camello	Wielbłąd
Canguro	Kangur
Cebra	Zebra
Conejo	Królik
Coyote	Kojot
Delfín	Delfin
Elefante	Słoń
Gato	Kot
Gorila	Goryl
Jirafa	Żyrafa
Lobo	Wilk
Mono	Małpa
Oso	Niedźwiedź
Oveja	Owce
Perro	Pies
Toro	Byk
Zorro	Lis

Mascotas
Zwierzęta Domowe

Agua	Woda
Cabra	Koza
Cachorro	Szczeniak
Cola	Ogon
Collar	Kołnierz
Comida	Żywność
Conejo	Królik
Correa	Smycz
Garras	Pazury
Gatito	Kotek
Gato	Kot
Hámster	Chomik
Lagarto	Jaszczurka
Loro	Papuga
Patas	Łapy
Perro	Pies
Pescado	Ryba
Ratón	Mysz
Tortuga	Żółw
Vaca	Krowa

Matemáticas
Matematyka

Aritmética	Arytmetyka
Ángulos	Kąty
Circunferencia	Obwód
Cuadrado	Kwadrat
Decimal	Dziesiętny
Diámetro	Średnica
Ecuación	Równanie
Esfera	Kula
Exponente	Wykładnik
Fracción	Frakcja
Geometría	Geometria
Paralelo	Równoległy
Paralelogramo	Równoległobok
Perpendicular	Prostopadły
Polígono	Wielokąt
Radio	Promień
Rectángulo	Prostokąt
Simetría	Symetria
Triángulo	Trójkąt
Volumen	Objętość

Mediciones
Pomiary

Altura	Wysokość
Ancho	Szerokość
Byte	Bajt
Centímetro	Centymetr
Decimal	Dziesiętny
Grado	Stopień
Gramo	Gram
Kilogramo	Kilogram
Kilómetro	Kilometr
Litro	Litr
Longitud	Długość
Masa	Masa
Metro	Metr
Minuto	Minuta
Onza	Uncja
Peso	Waga
Profundidad	Głębokość
Pulgada	Cal
Tonelada	Tona
Volumen	Objętość

Meditación
Medytacja

Aceptación	Przyjęcie
Atención	Uwaga
Bondad	Życzliwość
Calma	Spokój
Claridad	Przejrzystość
Compasión	Współczucie
Emociones	Emocje
Gratitud	Wdzięczność
Mental	Psychiczny
Mente	Umysł
Movimiento	Ruch
Música	Muzyka
Naturaleza	Natura
Observación	Obserwacja
Paz	Pokój
Pensamientos	Myśli
Perspectiva	Perspektywa
Postura	Postawa
Respiración	Oddechowy
Silencio	Cisza

Mitología
Mitologia

Arquetipo	Archetyp
Celos	Zazdrość
Cielo	Niebo
Comportamiento	Zachowanie
Creación	Kreacja
Creencias	Wierzenia
Criatura	Stworzenie
Cultura	Kultura
Deidades	Bóstw
Desastre	Katastrofa
Fuerza	Siła
Guerrero	Wojownik
Héroe	Bohater
Laberinto	Labirynt
Leyenda	Legenda
Monstruo	Potwór
Mortal	Śmiertelny
Rayo	Piorun
Trueno	Grzmot
Venganza	Zemsta

Mueble
Meble

Alfombra	Dywan
Almohada	Poduszka
Banco	Ławka
Cama	Łóżko
Cojines	Poduszki
Colchón	Materac
Cortinas	Zasłony
Cómoda	Komoda
Edredones	Kołdry
Escritorio	Biurko
Espejo	Lustro
Estantería	Regał
Estantes	Półki
Futón	Futon
Hamaca	Hamak
Lámpara	Lampa
Silla	Krzesło
Sillón	Fotel
Sofá	Kanapa

Naturaleza
Przyroda

Abejas	Pszczoły
Animales	Zwierząt
Ártico	Arktyczny
Belleza	Piękno
Bosque	Las
Desierto	Pustynia
Dinámico	Dynamiczny
Erosión	Erozja
Follaje	Liści
Glaciar	Lodowiec
Niebla	Mgła
Nubes	Chmury
Pacífico	Spokojna
Refugio	Schronienie
Río	Rzeka
Salvaje	Dziki
Santuario	Sanktuarium
Sereno	Spokojny
Tropical	Tropikalny
Vital	Istotne

Nutrición
Odżywianie

Amargo	Gorzki
Apetito	Apetyt
Calidad	Jakość
Calorías	Kalorie
Carbohidratos	Węglowodany
Cereales	Zboża
Comestible	Jadalny
Dieta	Dieta
Digestión	Trawienie
Equilibrado	Zrównoważony
Fermentación	Fermentacja
Hábitos	Nawyki
Peso	Waga
Proteínas	Białka
Sabor	Smak
Salsa	Sos
Salud	Zdrowie
Saludable	Zdrowy
Toxina	Toksyna
Vitamina	Witamina

Números
Liczby

Catorce	Czternaście
Cero	Zero
Cinco	Pięć
Cuatro	Cztery
Decimal	Dziesiętny
Dieciocho	Osiemnaście
Dieciséis	Szesnaście
Diecisiete	Siedemnaście
Diez	Dziesięć
Doce	Dwanaście
Dos	Dwa
Nueve	Dziewięć
Ocho	Osiem
Quince	Piętnaście
Seis	Sześć
Siete	Siedem
Trece	Trzynaście
Tres	Trzy
Uno	Jeden
Veinte	Dwadzieścia

Océano
Ocean

Alga	Glony
Anguila	Węgorz
Arrecife	Rafa
Atún	Tuńczyk
Ballena	Wieloryb
Barco	Łódź
Camarón	Krewetka
Cangrejo	Krab
Coral	Koral
Delfín	Delfin
Esponja	Gąbka
Mareas	Pływy
Medusa	Meduza
Ostra	Ostryga
Pescado	Ryba
Pulpo	Ośmiornica
Sal	Sól
Tiburón	Rekin
Tormenta	Burza
Tortuga	Żółw

Paisajes
Krajobrazy

Cascada	Wodospad
Cueva	Jaskinia
Desierto	Pustynia
Géiser	Gejzer
Glaciar	Lodowiec
Golfo	Zatoka
Iceberg	Góra Lodowa
Isla	Wyspa
Lago	Jezioro
Laguna	Laguna
Mar	Morze
Montaña	Góra
Oasis	Oaza
Pantano	Bagno
Península	Półwysep
Playa	Plaża
Río	Rzeka
Tundra	Tundra
Valle	Dolina
Volcán	Wulkan

Países #2
Kraje # 2

Albania	Albania
Australia	Australia
Austria	Austria
Dinamarca	Dania
Etiopía	Etiopia
Francia	Francja
Grecia	Grecja
Indonesia	Indonezja
Irlanda	Irlandia
Jamaica	Jamajka
Japón	Japonia
Laos	Laos
México	Meksyk
Pakistán	Pakistan
Portugal	Portugalia
Rusia	Rosja
Siria	Syria
Sudán	Sudan
Ucrania	Ukraina
Uganda	Uganda

Pájaros
Ptaki

Avestruz	Struś
Águila	Orzeł
Cigüeña	Bocian
Cisne	Łabędź
Cuco	Kukułka
Cuervo	Wrona
Flamenco	Flaming
Ganso	Gęś
Garza	Czapla
Gaviota	Mewa
Gorrión	Wróbel
Halcón	Jastrząb
Huevo	Jajko
Loro	Papuga
Paloma	Gołąb
Pato	Kaczka
Pelícano	Pelikan
Pingüino	Pingwin
Pollo	Kurczak
Tucán	Tukan

Pesca
Wędkarstwo

Agua	Woda
Aletas	Płetwy
Barco	Łódź
Branquias	Skrzela
Cable	Drut
Cebo	Przynęta
Cesta	Kosz
Cocinar	Gotować
Equipo	Sprzęt
Exageración	Przesada
Gancho	Hak
Lago	Jezioro
Mandíbula	Szczęka
Océano	Ocean
Paciencia	Cierpliwość
Peso	Waga
Playa	Plaża
Río	Rzeka

Piratas
Piraci

Ancla	Kotwica
Aventura	Przygoda
Bandera	Flaga
Brújula	Kompas
Capitán	Kapitan
Cicatriz	Blizna
Cueva	Jaskinia
Espada	Miecz
Isla	Wyspa
Leyenda	Legenda
Loro	Papuga
Malo	Zły
Mapa	Mapa
Mareas	Pływy
Monedas	Monety
Oro	Złoto
Playa	Plaża
Ron	Rum
Tesoro	Skarb
Tripulación	Załoga

Plantas
Rośliny

Arbusto	Krzak
Árbol	Drzewo
Bambú	Bambus
Baya	Jagoda
Bosque	Las
Botánica	Botanika
Cactus	Kaktus
Fertilizante	Nawóz
Flor	Kwiat
Flora	Flora
Follaje	Liści
Frijol	Fasola
Hiedra	Bluszcz
Hierba	Trawa
Hoja	Liść
Jardín	Ogród
Musgo	Mech
Pétalo	Płatek
Raíz	Źródło
Vegetación	Roślinność

Playa
Plaża

Arena	Piasek
Arrecife	Rafa
Azul	Niebieski
Barco	Łódź
Cangrejo	Krab
Costa	Wybrzeże
Isla	Wyspa
Laguna	Laguna
Mar	Morze
Nadar	Pływać
Océano	Ocean
Paraguas	Parasol
Sandalias	Sandały
Sol	Słońce
Toalla	Ręcznik
Vacaciones	Wakacje
Velero	Żaglówka

Profesiones #1
Zawody # 1

Abogado	Adwokat
Astrónomo	Astronom
Atleta	Atleta
Bailarín	Tancerz
Banquero	Bankier
Bombero	Strażak
Cartógrafo	Kartograf
Cazador	Myśliwy
Científico	Naukowiec
Doctor	Lekarz
Editor	Redaktor
Embajador	Ambasador
Enfermera	Pielęgniarka
Entrenador	Trener
Fontanero	Hydraulik
Geólogo	Geolog
Joyero	Jubiler
Músico	Muzyk
Pianista	Pianista
Psicólogo	Psycholog

Profesiones #2
Zawody # 2

Astronauta	Astronauta
Bibliotecario	Bibliotekarz
Biólogo	Biolog
Cirujano	Chirurg
Dentista	Dentysta
Detective	Detektyw
Filósofo	Filozof
Fotógrafo	Fotograf
Ilustrador	Ilustrator
Ingeniero	Inżynier
Inventor	Wynalazca
Investigador	Badacz
Jardinero	Ogrodnik
Lingüista	Językoznawca
Médico	Lekarz
Periodista	Dziennikarz
Piloto	Pilot
Pintor	Malarz
Profesor	Nauczyciel
Zoólogo	Zoolog

Rellenar
Do Wypełnienia

Bandeja	Taca
Bañera	Wanna
Barril	Beczka
Bolsa	Torba
Bolsillo	Kieszeń
Botella	Butelka
Caja	Pudełko
Cajón	Szuflada
Carpeta	Folder
Cartón	Karton
Cesta	Kosz
Cubo	Wiadro
Cuenca	Basen
Jarrón	Wazon
Maleta	Walizka
Paquete	Pakiet
Sobre	Koperta
Tarro	Słoik
Tubo	Rura

Restaurante #1
Restauracja # 1

Alergia	Alergia
Café	Kawa
Cajero	Kasjer
Camarera	Kelnerka
Carne	Mięso
Cocina	Kuchnia
Comer	Jeść
Comida	Żywność
Cuchillo	Nóż
Ingredientes	Składniki
Menú	Menu
Pan	Chleb
Picante	Pikantny
Plato	Talerz
Pollo	Kurczak
Postre	Deser
Reserva	Rezerwacja
Salsa	Sos
Servilleta	Serwetka
Tazón	Miska

Restaurante #2
Restauracja # 2

Agua	Woda
Aperitivo	Przystawka
Bebida	Napój
Camarero	Kelner
Cena	Obiad
Cuchara	Łyżka
Delicioso	Pyszny
Ensalada	Sałatka
Especias	Przyprawy
Fideos	Makaron
Fruta	Owoc
Hielo	Lód
Huevos	Jaja
Pastel	Ciasto
Pescado	Ryba
Sal	Sól
Silla	Krzesło
Sopa	Zupa
Tenedor	Widelec
Verduras	Warzywa

Ropa
Ubrania

Abrigo	Płaszcz
Blusa	Bluza
Bufanda	Szalik
Camisa	Koszula
Chaqueta	Kurtka
Cinturón	Pas
Collar	Naszyjnik
Delantal	Fartuch
Falda	Spódnica
Guantes	Rękawiczki
Joyas	Biżuteria
Moda	Moda
Pantalones	Spodnie
Pijama	Piżama
Pulsera	Bransoletka
Sandalias	Sandały
Sombrero	Kapelusz
Suéter	Sweter
Vestido	Sukienka
Zapato	But

Selva Tropical
Las Deszczowy

Anfibios	Płazy
Botánico	Botaniczny
Clima	Klimat
Comunidad	Społeczność
Diversidad	Różnorodność
Especie	Gatunek
Insectos	Owady
Mamíferos	Ssaki
Musgo	Mech
Naturaleza	Natura
Nubes	Chmury
Pájaros	Ptaki
Preservación	Konserwacja
Refugio	Schronienie
Respeto	Szacunek
Selva	Dżungla
Supervivencia	Przetrwanie
Valioso	Cenny

Senderismo
Turystyka Piesza

Acantilado	Klif
Agua	Woda
Animales	Zwierząt
Botas	Buty
Camping	Kemping
Cansado	Zmęczony
Clima	Klimat
Cumbre	Szczyt
Guías	Przewodniki
Mapa	Mapa
Montaña	Góra
Mosquitos	Komary
Naturaleza	Natura
Orientación	Orientacja
Parques	Parki
Pesado	Ciężki
Piedras	Kamienie
Preparación	Przygotowanie
Salvaje	Dziki
Sol	Słońce

Suministros de Arte
Materiały Artystyczne

Aceite	Olej
Acrílico	Akryl
Acuarelas	Akwarele
Agua	Woda
Arcilla	Glina
Borrador	Gumka
Caballete	Sztaluga
Cámara	Kamera
Cepillos	Pędzle
Colores	Kolory
Creatividad	Kreatywność
Ideas	Pomysły
Lápices	Ołówki
Mesa	Stół
Papel	Papier
Pasteles	Pastele
Pegamento	Klej
Pinturas	Farby
Silla	Krzesło
Tinta	Atrament

Surf
Surfing

Arrecife	Rafa
Atleta	Atleta
Campeón	Mistrz
Clima	Pogoda
Diversión	Zabawa
Espuma	Pianka
Estilo	Styl
Estómago	Żołądek
Extremo	Skrajny
Fuerza	Siła
Multitudes	Tłumy
Nadar	Pływać
Océano	Ocean
Ola	Fala
Playa	Plaża
Popular	Popularny
Principiante	Początkujący
Remo	Wiosło
Velocidad	Prędkość

Tiempo
Czas

Ahora	Teraz
Antes	Przed
Anual	Roczne
Año	Rok
Ayer	Wczoraj
Calendario	Kalendarz
Década	Dekada
Día	Dzień
Futuro	Przyszłość
Hora	Godzina
Hoy	Dzisiaj
Mañana	Rano
Mediodía	Południe
Mes	Miesiąc
Minuto	Minuta
Momento	Moment
Noche	Noc
Reloj	Zegar
Semana	Tydzień
Siglo	Stulecie

Tipos de Cabello
Rodzaje Włosów

Blanco	Biały
Brillante	Błyszczący
Calvo	Łysy
Corto	Krótki
Delgada	Cienki
Gris	Szary
Grueso	Gruby
Largo	Długie
Marrón	Brązowy
Negro	Czarny
Ondulado	Falisty
Plata	Srebro
Rizado	Kręcone
Rizos	Loki
Rubio	Blond
Saludable	Zdrowy
Seco	Suchy
Suave	Miękki
Trenzado	Pleciony
Trenzas	Warkocze

Vacaciones #2
Wakacje # 2

Aeropuerto	Lotnisko
Carpa	Namiot
Extranjero	Cudzoziemiec
Fotos	Zdjęcia
Hotel	Hotel
Isla	Wyspa
Mapa	Mapa
Mar	Morze
Montañas	Góry
Ocio	Wypoczynek
Pasaporte	Paszport
Playa	Plaża
Reservas	Rezerwacje
Restaurante	Restauracja
Taxi	Taxi
Transporte	Transport
Tren	Pociąg
Vacaciones	Wakacje
Viaje	Podróż
Visa	Wiza

Vehículos
Pojazdy

Ambulancia	Ambulans
Autobús	Autobus
Avión	Samolot
Balsa	Tratwa
Barco	Łódź
Bicicleta	Rower
Camión	Ciężarówka
Caravana	Karawana
Coche	Samochód
Cohete	Rakieta
Ferry	Prom
Furgoneta	Van
Helicóptero	Śmigłowiec
Metro	Metro
Motor	Silnik
Neumáticos	Opony
Submarino	Łódź Podwodna
Taxi	Taxi
Tractor	Ciągnik
Tren	Pociąg

Verano
Latem

Alegría	Radość
Amigos	Przyjaciele
Buceo	Nurkowanie
Comida	Żywność
Estrellas	Gwiazdy
Familia	Rodzina
Hogar	Dom
Jardín	Ogród
Juegos	Gry
Libros	Książki
Mar	Morze
Música	Muzyka
Nadar	Pływać
Ocio	Wypoczynek
Playa	Plaża
Recuerdos	Wspomnienia
Relajación	Relaks
Sandalias	Sandały
Vacaciones	Wakacje
Viaje	Podróż

Verduras
Warzywa

Ajo	Czosnek
Alcachofa	Karczoch
Apio	Seler
Berenjena	Bakłażan
Brócoli	Brokuły
Calabaza	Dynia
Cebolla	Cebula
Ensalada	Sałatka
Espinacas	Szpinak
Guisante	Groch
Jengibre	Imbir
Nabo	Rzepa
Oliva	Oliwa
Patata	Ziemniak
Pepino	Ogórek
Perejil	Pietruszka
Rábano	Rzodkiewka
Seta	Grzyb
Tomate	Pomidor
Zanahoria	Marchewka

Virtudes #1
Cnoty # 1

Apasionado	Namiętny
Artístico	Artystyczny
Bien	Dobry
Curioso	Ciekawy
Decisivo	Decydujący
Eficiente	Wydajny
Encantador	Uroczy
Fiable	Niezawodny
Generoso	Hojny
Gracioso	Zabawny
Independiente	Niezależny
Inteligente	Inteligentny
Limpio	Czysty
Modesto	Skromny
Paciente	Pacjent
Práctico	Praktyczny
Sabio	Mądry
Útil	Pomocny

Enhorabuena

Lo has conseguido!

Esperamos que hayas disfrutado de este libro tanto como nosotros al diseñarlo. Nos esforzamos por crear libros de la máxima calidad posible.
Esta edición está diseñada para proporcionar un aprendizaje inteligente, de calidad y divertido!

¿Te ha gustado este libro?

Una Petición Sencilla

Estos libros existen gracias a las reseñas que se publican.
¿Podrías ayudarnos dejando una reseña ahora?
Aquí tienes un breve enlace a la página de reseñas

BestBooksActivity.com/Opiniones50

¡DESAFÍO FINAL!

Reto n°1

¿Estás listo para tu juego gratis? Los utilizamos siempre, pero no son tan fáciles de encontrar. ¡Aquí están los **Sinónimos**!

Escribe 5 palabras que hayas encontrado en los rompecabezas (#21, #36, #76) y trata de encontrar 2 sinónimos para cada palabra.

Escriba 5 palabras del *Puzzle 21*

Palabras	Sinónimo 1	Sinónimo 2

Escriba 5 palabras del *Puzzle 36*

Palabras	Sinónimo 1	Sinónimo 2

Escriba 5 palabras del *Puzzle 76*

Palabras	Sinónimo 1	Sinónimo 2

Reto n°2

Ahora que te has calentado, escribe 5 palabras que hayas encontrado en los Puzzles 9, 17 y 25 e intenta encontrar 2 antónimos para cada palabra. ¿Cuántos puedes encontrar en 20 minutos?

*Escriba 5 palabras del **Puzzle 9***

Palabras	Antónimo 1	Antónimo 2

*Escriba 5 palabras del **Puzzle 17***

Palabras	Antónimo 1	Antónimo 2

*Escriba 5 palabras del **Puzzle 25***

Palabras	Antónimo 1	Antónimo 2

Reto n°3

¡Genial! Este desafío final no es nada para ti.

¿Preparado para el reto final? Elige 10 palabras que hayas descubierto en los diferentes rompecabezas y escríbelas a continuación.

1.	6.
2.	7.
3.	8.
4.	9.
5.	10.

Ahora escribe un texto pensando en una persona, un animal o un lugar que te guste.

Puedes usar la última página de este libro como borrador.

Tu Composición:

CUADERNO DE NOTAS :

HASTA PRONTO !

Todo el Equipo

DESCUBRA JUEGOS GRATIS

GO

↓

BESTACTIVITYBOOKS.COM/FREEGAMES